编委会名单

主　审：王　肃

主　编：高金娣

副主编：李尊然　罗宗奎　赵大川

编　委（按姓氏笔画排序）：田小伍　毕　越

　　　　　朱真真　李亮伟　李梦雅　何胜林

　　　　　陈　涵　赵　磊　贺保平　魏春松

著作权法咨询台

高金娣　主编

海燕出版社

·郑州·

图书在版编目（CIP）数据

著作权法咨询台 / 高金娣主编. —郑州：海燕出版社，2022.4
ISBN 978-7-5350-8828-4

Ⅰ.①著… Ⅱ.①高… Ⅲ.①著作权法－中国－问题解答 Ⅳ.①D923.415

中国版本图书馆CIP数据核字（2022）第051556号

著作权法咨询台

出　版　人：董中山	美术编辑：李岚岚
选题策划：李喜婷	责任印制：邢宏洲
责任编辑：李玉凤	责任发行：贾伍民
责任校对：屈　曜　吴　萌	排版制作：陈婷婷

出版发行　海燕出版社
　　　　　地址：郑州市郑东新区祥盛街 27 号　邮编：450016
　　　　　网址：www.haiyan.com
　　　　　发行部：0371-65734522　总编室：0371-63932972
经　　销　全国新华书店
印　　刷　河南博雅彩印有限公司
开　　本　787毫米×1092毫米　1/32
印　　张　6
字　　数　120千
版　　次　2022 年 4 月第 1 版
印　　次　2022 年 4 月第 1 次印刷
定　　价　29.00 元

如发现印装质量问题，影响阅读，请与我社发行部联系调换。

前　言

　　2021 年 6 月 1 日，《中华人民共和国著作权法》（2020 修正）（以下简称"《著作权法》"）开始施行。为了更广泛地宣传和普及《著作权法》，我们精心组织编写了这本《著作权法咨询台》。本书采用口袋书的形式，以满足读者充分利用碎片化时间阅读且喜欢纸质图书的需求，并于 2022 年世界知识产权日即将到来之际出版发行。

　　《著作权法咨询台》一书通篇采用寓学于案的方式，既有理论深度，又通俗易懂，可读性和实用性强。书中共包含近百个案例，涵盖著作权领域重要主题和热点问题。书中案例基本对应《著作权法》的条文顺序，分六大部分依次展开，即著作权客体篇、著作权内容篇、著作权主体篇、著作权限制篇、著作权利用篇、著作权救济篇。每篇中的案例后设"专家解答"，从著作权法原理介绍和法条阐述、案例分析、注意事项三个方面展开，为读者答疑解惑。案例导入简明扼要、直奔主题，"专家解答"细致入微、针对性强，这些都是本书的鲜明特色，这使读者无须花费太多精力，就能感知相关法律的逻辑体系。当然，这样的编排也体现出了编写团队的用心与创新。

本书由中原工学院法学院、知识产权学院的知识产权系主任高金娣副教授任主编，该院李尊然教授、罗宗奎副教授，以及中原大地传媒股份有限公司经营管理部副主任赵大川任副主编。具体分工如下：著作权客体篇由河南大学朱真真、中原工学院高金娣撰写，著作权内容篇由河南豫龙律师事务所魏春松撰写，著作权主体篇由高金娣撰写，著作权限制篇由李尊然、高金娣撰写，著作权利用篇由北京大成郑州律师事务所的田小伍、贺保平、赵磊、毕越、陈涵、何胜林、李亮伟、李梦雅撰写，著作权救济篇由罗宗奎撰写。全书最后由高金娣、赵大川修改、统稿。

本书与已经出版的《著作权法巡诊记》是姊妹篇。与《著作权法巡诊记》一样，本书内容寓教于乐、寓学于案，逐渐深入，把知识产权法与我们的日常生活密切结合起来，使看似枯燥乏味的法律条文变得生动有趣。本书的这种编写形式，为其他种类知识产权法律的解读性普及图书的编写做了很好的示范。我们希望用自己的努力，为我省乃至我国的知识产权事业发展助一臂之力。

衷心感谢河南省委宣传部对河南省版权工作的高度重视，对本书编写的大力支持！感谢海燕出版社对此书的出版所付出的辛勤劳动！最后，感谢广大读者朋友，若您有缘接触此书，并静下心来阅读，我们也算有了欣慰的理由。

王　肃

2022 年 4 月 3 日

目　录

著作权内容篇：多项权利保驾护航

著作权客体篇：
作品是什么模样

　　著作权的客体即指由作者创作，并对其享有狭义著作权的作品。诗歌、散文、小说等属于文字作品，音乐、戏剧、曲艺、舞蹈、杂技属于艺术作品，工程设计图、产品设计图、地图、示意图等属于图形作品和模型作品……作品究竟是什么模样？一起来看看吧！

1. 药方是作品吗？

王某是一名老中医，有多年的从医经验，临床经验丰富。在对自己多年的临床诊疗经验进行总结之后，王某精心研制出了一种治疗小儿腹泻的中医药方。某天，王某发现自己研制出的药方被某图书收录，但是他完全不知情。王某认为该药方是自己从医多年的心血，自己应当享有著作权，不能被他人无偿使用。王某的想法正确吗？

🎓 **专家解答**

根据《著作权法》有关规定，著作权法保护思想的表达方式，不保护思想本身（包括作品中所反映的原理、程序、操作方法等因素）。王某研制的治疗小儿腹泻的药方是一种中医药方，记载内容反映了治疗小儿腹泻的技术信息。药方本身作为技术信息的表达方式，由药方名、主治、药物、制法、用法等部分组成，其表述形式是中医配方通常的表述方式，不具有独创性。药方药物组成的表述也是常见中药药名的组合，在表述方式上也不具有独创性。故涉案中医药方不属于著作权法所保护的客体。

但是，这并不意味着药方不能受到任何保护。药方反映的是治疗疾病的一种技术信息，属于专利、技术秘密保护范畴。权利人可以通过申请专利或商业秘密的方式对其进行保护。申请专利之后，就获得了排他的专有权，这意味着未经专利权人的允许，任何人不得使用其专利。但一旦申请专利，也就意味着药方必须公开。这样一来，任何一个药房均可按照此药方配药，而专利所有者很难准确地知道自己的专利正在被哪些人使用，被侵权的风险比较大。但与专利不同，商业秘密最大的特点就在于其具有保密性。如果用商业秘密方式对具独创性药方进行保护，其他人是无法获知药方的具体信息的。所以很多与配方有关的信息都会选择以商业秘密方式进行保护，大家非常熟悉的"老干妈"和"可口可乐"配方都是以商业秘密方式进行保护的，因为这样可以最大限度地把配方掌握在权利人自己手中。因此，王某的中医药方可以用商业秘密的形式加以保护，这样的话在一定程度上能避免药方外泄。

需要注意的是，著作权法并不是万能的，对于技术方案、技术信息等并不能提供保护。权利人若想使自己的合法权益得到保护，应当积极寻求其他知识产权部门法的保护。

2. 节目模式受著作权法保护吗？

近年来，从国外购入电视综艺节目模式成为一种热潮，也由此引发多起节目模式版权之争。例如，热门综艺节目《中国好声音》荷兰原版 *The Voice of Holland* 的版权方 Talpa（塔尔帕）公司在中国香港提出诉讼，要求被告方停止制作及播放《中国好声音》第五季节目。有人认为，节目模式属于著作权法中的思想，而思想不受保护是著作权法的基本原则，为何还有人可以垄断思想，而另外一些人还会为引进节目而高价付费呢？节目模式到底受不受著作权法保护？

案例来源：（2015）闵民三（知）初字第 125 号。

🎓 **专家解答**

在著作权法中，节目模式属于创造性的想法和构思的范畴，是指以某种形式固定下来的一系列节目元素所组成的特定节目框架，这里的节目多指系列型的电视综艺节目。总体而言，综艺节目从层面上可以分为两个部分：一是宏观层面上的节目模式，对这一层面的模仿不受著作权法约束，因为创意、主旨、思路是不受著作权法保护的"思想"；二是具体实施、支撑节目模式的各类细节，包括原创性的音乐、舞台美术设计、独创性的台词等，这一层面的原创性内容受著作权法保护。

北京市高级人民法院在《北京市高级人民法院关于审理涉及综艺节目著作权纠纷案件若干问题的解答》中这样阐述：综艺节目模式是综艺节目创意、流程、规则、技术规定、主持风格等多种元素的综合体。综艺节目模式属于思想的，不受著作权法的保护。综艺节目中的文字脚本、舞美设计、音乐等构成作品的，可以受著作权法的保护。换言之，综艺节目中，属于思想范畴不受著作权法保护的，一般的理解是指尚未进行细化处理的单纯创意，而综艺节目中的文字脚本、舞美设计、音乐等构成作品的，受著作权法保护。

以《中国好声音》为例，如果不涉及对其具体细节的抄袭，如主持人串词、舞美设计、音乐等构成元素，仅仅是对其框架、流程、规则的模仿、借鉴，则并不涉及对著作权的侵犯。同样，综艺节目中的创意是不受著作权法保护的思想，同样可以被自由借鉴、应用。例如，《中国好声音》中的盲听盲选环节，实为一种非常新颖、充满想象力的创意，不受著作权法保护，其他节目可以自由借鉴、改编，但不能抄袭具体细节表达。

3. 试卷解析构成作品吗？

2017年全国统一高考结束后，深圳市菁优教育智慧有限公司（以下简称"菁优教育"）对2017年全国统一高考数学试卷（文科）进行全面解析，完成了《2017年全国统一高考数学试卷（文科）（新课标Ⅰ）》并取得作品登记证书。后菁优教育发现甲网站可以下载阅读该高考试卷解析，于是起诉甲网站侵犯了其对作品所享有的著作权。请问，试卷解析构成作品吗？

案例来源：（2019）粤 03 民再 171 号。

🎓 专家解答

著作权法只保护表达，不保护思想。在某些情况下，某种思想只有一种或极其有限的表达。比如，任何比赛都有一套规则，指示参赛的选手可以做什么、应当怎样去做、不可以做什么，该规则可以被称为一种思想。但是，如果用简洁的语言来陈述这套规则，则可供选择的表达方式并不多。在这种情况下，原本不受保护的思想和原本受到保护的表达就混在一起，两者之间难以划定明确界限。此时，在立法政策上只能选择不保护这样的规则表述。因此，如果一种思想实际上只有一种或非常有限的表达，那么这些表达也被视为思想，从而不受著作权法保护。

本案中，如果菁优教育仅凭 2017 年全国统一高考数学试卷中的试题题干及解答，要求获得著作权法的保护，就难以得到法院支持；但对解题思路的分析及对试题考查目标、题型难度、注意事项的点评等内容，则与前述数学试题题干及解答不同，其表达形式并非唯一或有限的，对同一数学试题，不同的人在阐释其解题思路，点评其考查目标、注意事项时，完全可能有不同的表达方式，能够体现出不同人的智力判断与选择，展示不同的个性。因此，只要是存在智力投入，具有一定独创性地对试题

006　著作权法咨询台

的分析点评等内容，一般应视为作品，受著作权法保护。

需要注意的是，甲网站作为提供信息存储空间的网络服务提供者，如果能证明涉案侵权文档系由其用户上传，并提供了上传涉案侵权文档的网络用户的基本信息，则该网站符合网络服务提供者免于承担赔偿责任的条件。菁优教育如欲要求相关网络用户承担侵权责任，可另循法律途径解决。

4. 小学生日记是文字作品吗？

新冠肺炎疫情发生期间，小学生甄理以日记的形式记录自己每天上网课、和姐姐一起玩耍、惹妈妈生气、被爸爸批评等经历和心路历程，发布在自己的 QQ 空间。后来，爸爸甄学文发现某公众号转载了儿子甄理的日记，阅读量达到两万多，但日记中作者署名并不是甄理。于是甄学文要求该公众号支付著作权使用费，并表明甄理是日记的作者。而公众号运营者认为小学生是未成年人，而日记是流水账，所以不是作品。小学生日记是不是文字作品呢？

🎓 专家解答

根据《中华人民共和国著作权法实施条例》（以下简称"《著作权法实施条例》"）第四条第一款第一项

的规定，文字作品是指小说、诗词、散文、论文等以文字形式表现的作品，即以书面语言作为表达工具的作品。需要注意两点：一是文字作品不同于小说等文学作品，文字作品的范围要比文学作品广。没有达到文学水准，但有独创性的文字组合仍然是文字作品，比如我们常见的产品说明书、理工科方面的学术论文等。二是文字作品不仅包括我们熟悉的以文字（比如汉字、英文等）写成的作品，还包括以数字、符号等表示的作品。如用盲文撰写的文字也可构成文字作品；对电话号码等数据进行汇编，如果在选择或编排方面体现出了独创性，也属于文字作品。

文字作品的表达首先是具体的文字组合。同样的经历，由不同的人进行描述，文字就会有所差别。小学生甄理在记录自己的每日经历和心路历程等内容时，会基于自己富有个性的选择和判断而呈现有个人特色的遣词造句，其文字组合符合作品的独创性要求，应作为文字作品，受著作权法保护。该公众号未经许可转载使用，且未给甄理署名，其行为侵犯了甄理对其日记所享有的署名权和信息网络传播权。

需要注意的是，对于小说、戏剧等具有情节的文字作品而言，其表达不仅包括文字组合，还包括情节设计。另外，著作权的取得与年龄无关。无论是百岁老人还是几岁孩童，只要创作出了受著作权法保护的作品，就享有相应的著作权。

5. 教师讲课内容受著作权法保护吗?

李某是一名优秀教师,由于其讲课效果好,名声在外,其讲课音频被上传到某在线音频平台。李某与该平台的UP主(即上传者)联系,希望删除自己的讲课音频。但该UP主认为,教师讲课就是本职工作,不同于演员表演,并且教师讲课是以教材和教学大纲为基础,算不得作品,自然也没有著作权可言。教师李某的讲课内容受著作权法保护吗?

🎓 专家解答

根据《著作权法实施条例》第四条第一款第二项的规定,口述作品是指即兴的演说、授课、法庭辩论等以口头语言形式表现的作品,依法受到我国著作权法的保护。教师向学生讲授的内容虽然是以相关的教材和教学大纲为基础,但具体的授课内容是教师独立构思并口头创作而成,这也是不同教师的授课内容在学生中的反响不同的原因。每位教师都有自己的风格,即使是同一门课,不同教师的授课内容也不同。总而言之,教师讲课内容具有独创性,符合著作权法规定的作品要件,其讲课全部内容构成口述作品。在现实生活中,某些短视频或者网站等平台的UP主在使用教师讲课音频时,应当尊重教师的著作权,未经允许,不得擅自使用。

口述作品的特点就在于其产生之初往往是基于现场即兴发挥，一旦被载体（如速录、录音等）记录下来，就会形成书面文件或录音。但无论是文字形态还是录音形态，它们承载的都是口述作品本身，因此，口述作品并不会因此而成为文字作品或录音制品。

需要注意的是，如果某个速录员在记录之余，对作者的口述作品加入自己个性化的编辑、修改，甚至加入插图和生动说明，则形成新的演绎作品，但是，如果速录员要发表这样的作品，就要取得原口述作品作者的许可。

6. 海豚表演受著作权法保护吗？

周某在某海洋馆观看海豚表演时，拍下了海豚表演的一些精彩瞬间，并将这些照片上传到自己的微博账号上。然而，不久周某接到一名游泳馆工作人员的电话，对方称，他私自拍摄照片的行为侵犯了游泳馆杂技艺术作品的著作权，要求其立刻删除。周某对海豚表演进行拍照侵犯著作权了吗？

👈 专家解答

首先，根据《著作权法》第二条第一款的规定，中国公民、法人或者非法人组织的作品，不论是否发表，依照本法享有著作权。海豚不具有法律上的人格意义，不能构成著作权的权利主体。

我国将杂技艺术作品纳入著作权法保护的范畴。根据《著作权法实施条例》第四条第一款第七项的规定，杂技艺术作品是指杂技、魔术、马戏等通过形体动作和技巧表现的作品。作为著作权法意义上的杂技艺术作品，应包含人或人与动物具有创造性的节目编排、表演节奏、艺术造型等基本要素，因此，并非任一杂技、魔术或马戏表演等节目均能构成著作权法的保护对象，只有在具备艺术独创性的前提下，才构成著作权法意义上的作品。就这个意义而言，对杂技艺术作品的保护，实质上是对该作品中通过形体和技巧表现出来的艺术成分的保护。

在海豚表演中，作为表演的指挥者，驯养员通过各种方法指挥海豚进行不同的表演，而驯养员本身并未向观众展示与众不同的艺术造型或以其他方式体现其艺术独创性。即使因训练方法有差异，导致海豚的表演动作可能存在不同的难度，但单纯的技巧和难度不属于著作权法保护的范围。海豚能作出表演，实质上是在驯养员的训练下而产生的条件反射，海豚则是驯养员训练思维的机械性、生理性反映工具。因此海豚表演不属于著作权法意义上的杂技艺术作品，其表演形式不受著作权法保护。

7. 美术作品能随便被他人用作商标吗?

　　大学生张某利用课余时间创作了不少漫画,并上传到自己的朋友圈。然而,一天张某突然发现一种笔记本电脑上的商标与自己之前所画的卡通形象一模一样,但自己从来没有将作品许可给他人使用。与该笔记本电脑厂商联系上以后,张某被告知,虽然对自己的漫画享有著作权,但是厂商将其作为商标使用并不侵权,因为他并没有将自己创作的卡通形象申请注册为商标。该笔记本电脑厂商的说法正确吗?

　　📖 **专家解答**

　　根据《著作权法实施条例》第四条第一款第八项的规定,美术作品是指绘画、书法、雕塑等以线条、色彩或者其他方式构成的有审美意义的平面或者立体的造型艺术作品。张某创作的卡通形象具备独创性,符合著作权法规定的作品要件,因此属于美术作品。那么在这种情况下,他人能未经许可用张某的美术作品申请注册商标吗?

　　一方面,根据《中华人民共和国商标法》的规定,申请商标注册不得损害他人现有的在先权利,也不得以不正当手段抢先注册他人已经使用并有一定影响的商标。"申请商标注册不得损害他人现有的在先权利",是指商标持有人在申请商标注册时，不得使他人已经获得的并且仍然有效的权利遭受伤害。另一方面，根据《著作权法》的规定，著作权自作品创作完成之时自动产生，不需要履行任何手续。对于同一美术作品来说，将其作为商标使用的时间必然是在作品完成之后。换句话说，如果将某一美术作品作为商标使用，商标上其实存在一个合法的在先权利，就是著作权。在这种情况下，如果著作权人认为商标权人注册的商标直接或间接来自其作品，且未取得许可，那么，著作权人就可以要求商标权人停止使用该商标。

张某是其美术作品的作者，自美术作品创作完成之时就自动享有著作权。被告笔记本电脑厂商所使用商标的卡通图案与张某享有著作权的美术作品完全一致，在使用商标时使用了张某享有著作权的美术作品，侵犯了张某对其美术作品享有的著作权，应当承担相应的民事责任。张某可要求对方承担停止侵权、赔偿损失等民事责任。

8. 字体是作品吗？

据报道，电影《九层妖塔》制片方未经许可，使用了他人独创的字体，被告上了法庭。观众看电影时可能会觉得电影里面的"中华日报"字样看起来很有艺术感，不过很少有人能意识到字体不能随便用。那么，字体是作品吗？

案例来源：（2016）京 0105 民初 50488 号。

🎓 专家解答

根据《著作权法实施条例》第四条第一款第八项的规定，美术作品是指绘画、书法、雕塑等以线条、色彩或者其他方式构成的有审美意义的平面或者立体的造型艺术作品。因此，具有独创性的书法作品是受著作权法保护的美术作品。从艺术的角度来讲，书法是一种展现文字之美的艺术表现形式，兼具传情达意和艺术美化的功能。书法的书写虽然受限于汉字本身笔画和结构上的固定搭配，但书写者仍可借助具体的线条、点画等，在字形结构、偏旁部首比例、笔画长短、粗细选择、曲直设计等诸多方面进行调整和创造，融入自己的选择和判断，表现出独特的艺术美感，体现出书写者自己的个性，从而使自己创出的字体具有符合著作权法要求的独创性，成为受著作权法保护的美术作品。

在电影《九层妖塔》著作权纠纷案中，原告独创的七个单字在断笔方式、布局结构、笔画粗细、曲直、长短，以及繁简字组合等方面均体现出了独特的艺术美感，呈现出了不同于传统行书及其他常见字体的独创性表达，融入书写者独特的智力判断和选择，属于我国著作权法规定的美术作品。被告未经许可使用这几个单字，侵犯了原告的著作权。此案中，被告应当为此承担公开赔礼道歉、赔偿经济损失的法律责任。

事实上，近年来在我国电影市场持续火热的同时，与电影有关的著作权纠纷也屡见不鲜，其中，因电影使用字体不当引发的纠纷并不少见。值得注意的是，字体版权归属问题不容小视，其归属是否得当不仅会影响版权方的经济利益，也会影响众多字体创作设计者的积极性。使用富有特色的字体时，使用者对于版权方应给予应有的尊重和理解，一定不能投机取巧，而应依法做事。

9. 鸟巢的外观是作品吗？

烟花设计师王某设计出一款鸟巢造型的烟花，却被公司的法务提醒，可能涉嫌侵犯著作权。该公司法务认为，鸟巢作为建筑作品，设计新颖、结构独特，被公认为国内外特有建筑，是北京新地标性建筑。而王某认为，他设计的是烟花产品，并不是建筑模型，因此并不能算作侵权。二者孰对孰错？

案例来源：（2009）一中民初字第 4476 号。

🎓 专家解答

根据《著作权法实施条例》第四条第一款第九项的规定，建筑作品，是指以建筑物或者构筑物形式表现的有审美意义的作品。鸟巢特有的钢桁架交织围绕碗状的建筑外观形象，设计新颖、结构独特，已构成著作权法规定的作品。王某设计的烟花产品在整体造型、长宽比例、结构、色调线条搭配等方面，采用了与鸟巢外观相同或近似的设计，较为全面地体现出国家体育场建筑作品所采用的钢桁架交织围绕碗状结构的独创性特征，构成了对鸟巢的高度模仿，是对鸟巢建筑作品独创性智力成果的再现，与国家体育场构成实质性相似，侵犯了鸟巢建筑作品的复制权和发行权。因此，如果该款烟花投入生产、使用，那么相应生产商就应当承担停止侵权、赔偿损失等民事责任。

由此可以看出，我国对建筑作品的著作权跨类保护至工业设计产品。这也表明，对建筑作品著作权的保护，主要是对建筑作品所体现出的独立于其实用功能之外的艺术美感的保护。未经权利人许可，对建筑作品所体现出的艺术美感加以不当使用，即构成对建筑作品著作权的侵犯，不论是使用在著作权法意义上的作品中，还是使用在工业产品中，都不受所使用载体的限制。

需要注意的是，即使是小小的烟花，它的设计也不能肆意侵犯鸟巢建筑物的著作权。因此商家们在设计建筑物的周边产品时，不能随意模仿建筑物的造型，否则可能构成侵权。

10. 医学影像照片算摄影作品吗?

外科医生李某在某次为病人做完腹腔镜胆囊切除手术后,将手术录像刻制成光盘,并运用电脑中的软件截取了手术中的六个关键画面。后来,李某无意间发现,某医用品有限公司未经许可,在产品宣传资料中使用了自己截取的手术关键画面。李某认为,自己截取的手术关键画面是摄影作品,受到著作权法的保护。医用品有限公司则认为,腹腔镜技术本身就是一项医学影像技术,画面是切除手术过程中自然生成的,因而不具有独创性。那么,医学影像照片是不是摄影作品呢?

案例来源:(2006)沪高民三(知)终字第 35 号。

🎓 专家解答

根据《著作权法实施条例》第四条第一款第十项的规定,摄影作品是指借助器械在感光材料或者其他介质上记录客观物体形象的艺术作品。摄影作品创作过程中,作者需要对摄影角度、光线、距离进行选择,同时还要对拍摄时间、内容进行判断选择,形成具有独创性内容的作品。我国对摄影作品的独创性要求不高,只要达到了著作权法要求的最低限度,就可以获得著作权法的保护。

外科医生李某所截取的手术关键画面构成摄影作品。

首先，在考量是否构成摄影作品时，不应要求医学等领域所拍摄的照片与普通艺术领域照片的艺术性程度等同；其次，李某结合自身的临床经验，从自己实施手术的录像中截取了临床应用医用膜的关键画面，在此过程中，李某确实付出了一定程度的智力性劳动，该智力劳动所体现的独创性达到了著作权法要求的最低限度，应受著作权法的保护。

在当下日常生活中，摄影是很平常的事。不过，需要注意的是，单纯为了再现绘画而翻拍的作品，为摄影师留下的发挥个人选择与判断的余地非常小，不足以产生独创性，因此不是摄影作品。

11. 短视频受著作权法保护吗？

随着自媒体平台的盛行，很多人将自己拍摄的视频上传至各种平台。知名 UP 主张某在简单剪接后，把其他 UP 主的多个短视频拼凑在一起上传至平台。该 UP 主的行为是否侵犯了他人所拍摄短视频的著作权呢？

专家解答

根据《著作权法》相关规定，视听作品是指摄制在一定介质上，由一系列有伴音或者无伴音的画面组成，并且借助适当装置放映或者以其他方式传播的作品。抖音等自媒体平台上的短视频，虽然时间极短，但只要其具有独创性，仍然能构成著作权法意义上的作品。短视频是否具有独创性，主要从以下两个方面来确定：一方面，短视频必须由作者独立创作完成，不能复制或剽窃他人的作品；另一方面，短视频必须是作者创造性的智力劳动成果，是作者思想或情感内容的表达，可以体现作者的个性，也就是说，短视频必须具备一定的创作高度。单纯拍摄人类生活或自然界中的声音和画面（如他人对话、动物鸣叫）的短视频，由于不能体现创作者个性，未能表达创作者思想情感，不具备独创性，不构成著作权法意义上的作品，不受著作权法的保护。

很多 UP 主上传至平台的短视频由其自行创作、摄制完成，这类短视频有明显的独创性，体现出了他们对视频内容进行取舍、选择、安排、设计等个性，因此具有独创性，属于《著作权法》中规定的视听作品。而知名 UP 主张某未经许可，对多个短视频作品进行剪辑拼接并上传至网络，使用户可以随时随地获得的行为，侵犯了其他 UP 主对自己视听作品的著作权。因此，知名 UP 主张某应当承担停止侵权、赔偿损失等民事责任。

需要注意的是，短视频虽然较短，但并不影响其独创性，使用者和传播平台应当避免侵犯各 UP 主的著作权。

12. 什么样的实用艺术品受著作权法保护？

来自瑞典的全球知名家具和家居零售商宜家家居公司（以下简称"宜家"），曾经起诉我国一家生产商，认为其抄袭了宜家的儿童椅、儿童凳的设计。宜家认为涉案的儿童椅、儿童凳是能够获得著作权法保护的实用艺术作品。不过，涉案生产商认为，这种凳子就是以实用为主，谈不上有多高的艺术性，不应该受著作权法保护。那么，实用艺术品的艺术创作达到什么高度，才能受到著作权法的保护呢？

案例来源：（2008）沪二中民五（知）初字第 187 号。

🎓 **专家解答**

某些实用品除了有实用功能，还具有一定美感，被称为实用艺术品。只有当实用艺术品的实用功能和艺术美感能相互独立、艺术设计具有独创性且达到较高创作水准，从而成为实用艺术作品时，才能受著作权法保护。实用艺术作品是指具有实用性、艺术性并符合作品构成要件的智力创作成果，即实用艺术作品应当具有实用性、艺术性、独创性和可复制性。根据《著作权法》的相关规定，实用艺术作品归属于美术作品范畴，受著作权法的保护。《著作权法实施条例》第四条第一款第八项规定，美术作品是指绘画、书法、雕塑等以线条、色彩或者其他方式构成的有审美意义的平面或者立体的造型艺术作品。因此，实用艺术作品的艺术性必须满足美术作品对于作品艺术性的最低要求，才能够获得著作权法的保护。

但是，根据我国目前的著作权法立法，对于实用艺术作品艺术性的判断很难有客观的标准。在司法实践中，关于艺术性的判断均依赖于法官个人的看法，因此，如何减少艺术性判断的主观性是审理此类案件过程中的重点和难点。究竟该如何确定实用艺术作品的艺术性标准，可以就不同的实用艺术作品的类型进行分析、界定：第一种类型，实用成分和艺术成分可以在实体上分离的实用艺术作品，例如造型独特的存钱罐，相对于存钱的罐体，其独特造型与实用功能可以在物理上加以分离，可以等同于美术作品，即只需具有一定审美意义即可视为满足艺术性这一要件；第二种类型，实用成分和艺术成分可以在观念上分离的实用艺术作品，例如造型独特的台灯，即艺术性创意主要与造型、色彩等抽象载体相结合，对其艺术性标准的界定可以略高于普通的美术作品，即必须达到一定程度的独创性、个性，才能视为满足了艺术性这一要件。

需要注意的是，当生产商认为其实用艺术品颇具设计感，但其中的艺术创作高度又难以被视为艺术品，无法受著作权法保护时，生产商可以对相关产品申请外观设计专利进行保护。

13. 第九套广播体操是作品吗？

国家体育总局组织创编了第九套广播体操，并将复制、出版、发行和网络信息传播权独家授予了甲出版社，甲出版社接着出版了相关图书。后来，乙音像公司据此出版了第九套广播体操的演示教学 DVD，包括全套正面演示、分解动作教学演示、全套背面演示等 10 段影像。甲出版社起诉乙音像公司侵犯其著作权，其诉求会得到法院的支持吗？

案例来源：（2012）西民初字第 14070 号。

🎓 专家解答

根据《著作权法》第三条的规定，本法所称的作品，是指文学、艺术和科学领域内具有独创性并能以一定形式表现的智力成果。由此可见，只有文学、艺术和科学领域内的智力成果才可能成为受著作权法保护的作品。而无论是文学、艺术还是科学领域内的作品，都是通过某种特定的媒介符号（如文字、音乐、舞蹈、图形），对人的思想、情感、知识进行交流与表达，从而展现其文学艺术的感性之美和科学技术的理性之美。因此，不涉及人的思想感情和知识，不具有文学、艺术、科学领域内审美意义上的创作，无论其具有多高的独创性，都不属于文学、艺术和科学领域内的成果。

广播体操是一种具有健身功能的体育运动，由伸展、体转、平衡、跳跃等一系列简单肢体动作组成，但与同样包含肢体动作的舞蹈作品不同，广播体操并不通过动作表达思想感情，而是以肢体动作产生的运动刺激来提高机体各关节的灵敏性，增强大肌肉群的力量，促进循环系统、呼吸系统和精神传导系统功能的改善。简而言之，广播体操的动作有强身健体的功用，而没有表达思想情感，既没有展现文学艺术之美，也没有展现科学之美，故不属于文学、艺术和科学领域内的智力成果。因此，第九套广播体操的动作不符合构成作品的法定条件，不属于著作权法意义上的作品。

需要注意的是，第九套广播体操动作的文字说明、图解，作为文字作品和美术、摄影作品是受到著作权法保护的。此外，瑜伽动作设计属于著作权法中所称的"功能性的系统或方法"，不属于文学、艺术、科学领域内的智力成果，同样不受著作权法保护。

14. 同人作品是否侵犯了原创作品的著作权？

大学生张某平时非常喜欢看小说。有一天，张某突发奇想，借用某知名小说中的人物名字、人物关系，写了一篇与原小说内容不同的同人小说。那么，张某所创作的同人小说是否侵犯了他人的著作权呢？

案例来源：（2016）粤 0106 民初 12068 号。

🎓 专家解答

著作权法所保护的是作品中具有独创性的表达，即思想的表达，不包括作品中所反映的思想本身。就小说而言，如果脱离了具体故事情节，作为单纯要素的人物名称、人物关系、性格特征，往往难以构成具体的表达。张某所创作的同人小说只借用了某知名小说中的人物名字、人物关系，与原小说仅存在一些形式上的相似性，不会导致读者产生相同或相似的欣赏体验，二者并不构成实质性相似。因此，张某创作的同人小说应属于其创作的文字作品，并不是根据某知名小说改编的作品，即并不是演绎作品，没有侵犯某知名小说的著作权。

但是，这样的创作对某知名小说著作权人并不公平。那么，小说的著作权人能不能通过其他途径维护自己的合法权益呢？答案是肯定的。张某在未经许可的情况下，借助某知名小说中的元素，扩大了自身作品的影响力，挤占了他人使用自己原创作品中的元素创作新作品的市场空间，谋取了其部分商业利益，也违背了诚实信用这一民法的基本原则，其行为已经构成不正当竞争。

事实上，网络上的同人小说很多，其中绝大部分并未获得原作者的许可，或者说，很多创作者写同人小说时，根本没有意识到要获得原作者授权。如果想让同人小说更加健康地发展，我们应该正视这种行为可能存在的法律风险。

15. 对文字材料进行汇编，产生的一定是作品吗？

为了配合学校开展的著作权普法教育活动，赵老师对近三年以来典型的著作权侵权案例进行了整理，他结合当代大学生的兴趣点，将近三年来影响较大的著作权侵权案例（如某短视频平台、某游戏平台的著作权侵权案例等）汇编成小册子。后来，某知识产权科普公众号全文转载了赵老师汇编的案例，并且点击率达到3万以上。赵老师认为自己享有所汇编材料的著作权，要求对方停止侵权，并进行赔偿。赵老师对自己所汇编的材料享有著作权吗？

🎓 专家解答

根据《著作权法》第十五条的规定，结合司法实践中的常见问题，我们可以这样理解，汇编的对象可以是具有独创性的内容（如作品或作品的片段），可以是没有独创性的材料（如不受著作权法保护的内容），也可以是不构成作品的数据。例如，国家机关制定的法律、法规本身不受著作权法保护，任何人均可自由复制和传播。但是，我国司法考试法律法规汇编或者学生常用法律法规汇编，是把国家机关制定的法律、法规按一定的标准选择出来，并按一定的结构编排起来而形成的，如果在内容选择和结构安排上具有独创性，则可以视为汇编作品。

汇编作品必须是具有独创性的智力成果。那么，汇编作品的独创性表现在哪儿呢？汇编作品的独创性表现在对作品、数据或者其他信息的选择、编排上。也就是说，汇编作品的独创性不在于汇编对象本身，而在于对汇编对象的选择和结构编排。

赵老师所进行的案例汇编，虽然汇编对象是不受著作权法保护的内容，但是他采取的分类方式具有独创性，以大学生的兴趣点为出发点，对相关著作权侵权案例进行编排，体现了其独特的视角。因此，作为其汇编成果的小册子是汇编作品，赵老师对其享有著作权。该知识产权科普公众号未经许可进行转载，则侵犯了赵老师的著作权，应当承担停止侵权、赔偿损失等民事责任。

16. 临摹是否创作出了作品？

业余绘画爱好者吴某非常喜欢临摹名画。有一次，他将自己临摹的名画上传到某网站，并因此谋利。不久，他被画作的原作者告知，他这种未经许可的临摹行为已经侵犯了他人的著作权，应承担相应的民事责任。吴某认为，自己是在创作新的作品，这一行为并不侵权。吴某的这种临摹行为创作出作品了吗？

🎓 专家解答

日常生活中，我们对"临摹"这个概念并不陌生。该案主要涉及两个问题：

第一个问题是，临摹美术作品是否产生了著作权？有人认为，临摹而得的画作都不能享有著作权。这种观点是不成立的。临摹指按照原作仿制书法和绘画作品的过程，绝大多数情况下仍然存在临摹人的个人意志和选择，不可能是完全精确到百分之百的复制，因此对他人美术作品临摹而得的画作也可能具有一定的独创性，从而产生新的作品。吴某作为一个业余绘画爱好者，并不是专业画家，在临摹时不可能做到百分之百的临摹，在这个过程中必然加入一定的创造性智力劳动，因此，其临摹出的画是新的作品，他享有对临摹作品的著作权。

第二个问题是，临摹他人美术作品是否构成侵权？尽管临摹他人美术作品所得的画作可能构成新的作品，并受著作权法的保护，但这种作品是建立在被临摹美术作品的基础上的，只能算作演绎作品。对于临摹他人美术作品而产生的演绎作品而言，权利人在享有著作权的同时，也存在侵犯被临摹美术作品的著作权的可能。最基本的，就是临摹出的作品的署名问题。临摹他人美术作品，必须标明被临摹美术作品的原著作权人，否则就侵犯了其署名权。如果未经许可就进行商业使用，就侵犯了原著作权人的财产权利。在这种情况下，原作者要求吴某承担相应的民事责任是有道理的。

需要注意的是，对保存濒临灭失的文化成果而言，某些精确临摹的确具有极高的价值，如对敦煌壁画的临摹就是如此。不过，著作权法的立法宗旨是鼓励创新，并不是鼓励重复。无论精确临摹采用的技艺有多高，都是在重复已有作品。这种为保存和传播现有文化成果而作出的努力，可以受到著作权法之外法律机制的保护，但所产生的不是具有独创性的作品。

17. 借鉴他人作品是抄袭吗？

孙某非常喜欢看言情小说，看得多了，她就发现了言情小说的一些套路，并开始模仿这些套路创作小说，发表在网络上，获得了较好的反响。然而，朋友提醒她，借鉴他人作品有可能构成抄袭。孙某认为自己写的小说中人物名字、故事脉络等都和他人的小说不一样，不能算抄袭，顶多算借鉴。文学创作中，借鉴他人作品是抄袭吗？

🎓 专家解答

文学创作是一种独立的智力创造过程，更离不开作者独特的生命体验。因此，即使以同一时代为背景，甚至以相同的题材、事件为创作对象，尽管不同作品中可能出现个别情节和一些语句上的相似，不同作者创作的作品也不可能雷同。那么，如何判断某一作品的情节、语句等是否构成对另一作品的抄袭呢？借鉴和抄袭的界限又在哪里呢？一般而言，主要是通过整体认定和综合判断来进行。对于不是明显相似或者来源于生活中的一些素材，如果分别独立进行对比，就很难直接得出准确结论，不过一旦将这些情节、语句等作为整体进行对比，就会发现它们是否存在相同或近似的内容。

小说创作中，人物需要通过叙事来刻画，叙事则要以人物为中心。无论是人物特征，还是人物关系，都是通过相关联的故事情节塑造和体现的。单纯的人物特征（如人物的相貌、个性、品质等），或者单纯的人物关系（如恋人关系、母女关系等），都属于公有领域的素材，不属于著作权法保护的对象。但是一部具有独创性的作品，以其相应的故事情节及语句等，赋予了这些角色以独特的内涵，则这些人物就与该故事情节、语句等一起，成为著作权法保护的对象。因此，人物特征、人物关系，以及与之相应的故事情节都不能简单割裂开来，人物和叙事应是有机融合的整体，在判断某一作品对另一作品是否存在抄袭时，也应综合考虑。

在当今的时代背景下，一些创作者急功近利，不愿意进行原创，而是冒着抄袭风险赚钱。抄袭者会承担很大风险，不如静下心来打磨自己的作品。原创不易，请多珍惜。

18. 延时摄影短片是摄影作品还是视听作品？

周某耗时三年，选取北京 71 个不同地标，拍摄了 5392 张照片，形成 3 分 43 秒的延时摄影短片《延时北京》。后来，因某网店擅自出售周某的延时摄影短片，他就以网店行为侵犯自己摄影作品著作权为由，将该网店店主诉至北京互联网法院。周某的诉求会得到支持吗？

案例来源：（2019）京 0491 民初 28675 号。

🎓 专家解答

根据《著作权法实施条例》第四条第一款第十项的规定，摄影作品是指借助器械在感光材料或者其他介质上记录客观物体形象的艺术作品；第十一项规定，电影作品和以类似摄制电影的方法创作的作品，是指摄制在一定介质上，由一系列有伴音或者无伴音的画面组成，并且借助适当装置放映或者以其他方式传播的作品。延时摄影是一种将时间压缩的拍摄技术，所拍摄的通常是一组照片，后期通过照片串联合成视频，把几分钟、几小时甚至是几天、几年的内容压缩在一个较短的时间内，以视频的方式播放。延时摄影通常应用在拍摄城市风光、自然风景、天文现象、城市生活、建筑制造、生物演变等题材上。

本案中，周某以北京地标性建筑为背景拍摄照片，然后把这些照片素材通过电脑软件进行制作，将静态的摄影照片制作成连续动态画面，该画面通过拍摄制作的方法固定在有形物质载体上，可以借助电脑等装置播放。周某的延时摄影短片《延时北京》在视频素材的选取、主题内容的表达、连续画面的编排取舍上具有独创性，属于受著作权法保护的作品。鉴于周某主张权利的作品以动态连续画面来表现北京城市风光，公众看到、可感知到的涉案作品，是具有美感的连续动态画面，而非静止的摄影照片，因此这一短片不是摄影作品，而属于《著作权法》中规定的视听作品（包含影视作品）。所以，在向法院起诉时，诉由应是对方侵犯了自己对视听作品所享有的著作权。

近年来，社会上出现了一些人大量售卖影视资源的现象。侵权人往往组成团体而非单一个体，在资源收集、链接制作和社交媒体发布方面都各有分工。他们利用自媒体侵权，已经初步形成一条产业链。不少人为了快速赚钱，通过购买一定的资源库或以做下线推销的方式在微信朋友圈、贴吧、微博等出售各种资源。这些行为已经构成了直接侵权，相关人员需要承担相应的法律责任。

19. 唱腔受著作权法保护吗？

知名戏剧表演艺术家张某因为唱腔独特，深受观众喜爱。某日，张某无意中发现，自己以独特唱腔表演的戏剧被某出版社收录进一张名为《地方戏剧精选》的录像带中。张某认为，自己独创的戏曲唱腔受著作权法保护，他人未经许可不能随意使用。张某的说法有道理吗？

案例来源：（2009）深中法民三终字第 86 号。

🎓 专家解答

戏曲唱腔包括戏曲的曲调和唱段，还包括演唱程式和舞蹈动作等，是戏曲剧种风格的重要标志。而众多戏曲艺术家的突出贡献，亦莫过唱腔的流派创造。从戏曲的专业角度而言，唱腔分为唱腔设计和唱腔表演，它们在著作权法中会受到怎样的保护呢？

一方面，根据《著作权法》第三条的规定，作品是指文学、艺术和科学领域内具有独创性并能以一定形式表现的智力成果。戏曲唱腔设计是对声乐、词曲、念白、舞步等各方面予以编排，最终形成口传的唱腔设计或唱腔设计文本的过程。戏曲演员要表演某部戏曲，一般要先有唱腔设计。也正是因为有在先的唱腔设计，不同的戏曲演员均可表演同一曲目。可见，就某一具体唱腔设计而言，这一设计以口头或文本为流传载体，是唱腔设计者智力劳动的结晶；只要符合作品的独创性要求，就可成为著作权法意义上的作品，唱腔设计者也将依法对其享有著作权。另一方面，根据《视听表演北京条约》规定，表演者指演员、歌唱家、音乐家、舞蹈家以及对文学或艺术作品或民间文学艺术表达（expressions of folklore）进行表演、歌唱、演说、朗诵、演奏、表现或以其他方式进行表演的其他人员。张某作为其独创的戏剧唱腔的表演者，对其唱腔表演也享有表演者权。

需要注意的是，对已有曲目的唱腔、音乐的记谱行为，实质上是对原有作品的复制，其目的是便于对已有作品进行保存、使用和研究，使之永葆艺术生命力。这种行为本身并不具有独创性，更不会直接产生作品。因此，记谱不是创作，记谱者也不享有著作权。

著作权内容篇：
多项权利保驾护航

　　本篇中所称"著作权"是广义的，它既包括狭义的著作权，也包括邻接权。著作权包括人身权和财产权，邻接权包括表演者权、录音录像制作者权、广播组织权、版式设计权。对以上各项权利，《著作权法》是如何具体规定的？一起来了解一下吧！

1. 什么情况下公开他人作品侵犯著作权人的发表权？

钱钟书一家三口与李某关系很好，三人曾先后多次写信给李某，共计百余封，李某都悉心保存起来。2013年，李某将其保存的钱钟书书信交由某拍卖公司拍卖。拍卖公司在其网站登载了多篇介绍涉案书信拍卖活动、鉴定活动和部分书信手稿内容的媒体报道文章，部分文章以附图形式展示了书信手稿全貌。以上拍卖钱钟书书信手稿的行为是否侵犯了作品著作权人的发表权？

🎓 **专家解答**

根据《著作权法》第十条第一款第一项的规定，发表权即作者有权决定是否将作品公之于众，于何时、何处公之于众，以及以何种方式公之于众的权利。所谓"公之于众"，是指著作权人自行或者经著作权人许可将作品向不特定的人公开，但不以公众知晓为构成条件。公众即为不特定任何人，其数量不限，只要作者将作品向不特定任何人披露，即认为已行使发表权。反之，披露的对象被限定在特定范围内，则不属公之于众。

发表权属于著作人身权。发表权的行使往往与作者的声望或名誉密切相关，涉及作者的人身权利。发表权有保护期的限制。自然人作品的发表权保护期为作者终生及其死亡后五十年。发表权是一次性行使的权利。作品一旦发表，就处于公众可知晓的领域。发表权通常不能转让和继承。在某些情况下，可推定作者将其发表权转移给作品的合法使用者行使。作者生前未发表的作品，如作者未明确表示不发表，则在作者死后50年内，其发表权可由其继承人或者受遗赠人行使；没有继承人又无人受遗赠的，其发表权由作品原件的所有人行使。基于以上原因，在钱钟书书信发表权的保护期限内，未经其继承人许可，李某不得将钱钟书作品向不特定的人公开。

需要注意的是，作者将未发表的美术、摄影作品的原件所有权转让给他人，受让人展览该原件不构成对作者发表权的侵犯。司法实践中，尽管作者未将作品公之于众，但许可他人使用其未发表的作品，也推定作者同意发表其作品。同时，著作权法中的合理使用和法定许可也大都属于使用他人已经发表的作品。

2. 应该如何正确行使署名权？

在《芈月传》编剧署名纠纷案中，蒋某认为影视公司将王某确定为总编剧，而将其作为原创编剧，这种署名方式造成二人产生高低主次之别；同时，在部分海报及片花上没有为其署名，且未标注"根据蒋某同名小说改编"，上述行为侵害了其署名权。那么，我们应该如何正确行使署名权呢？

案例来源：（2017）浙 03 民终 351 号。

🎓 专家解答

根据《著作权法》第十条第一款第二项的规定，署名权即表明作者身份，在作品上署名的权利。署名权包括是否在自己作品上署名以及如何在作品上署名两个方面的问题，作者的署名可以是真名或假名、笔名等，这些都是署名权的应有之义。署名权的权利内涵包含署名顺序，因此应当予以保护。因作品署名顺序发生的纠纷，可以按照下列原则处理：有约定的，按照约定确定署名顺序；没有约定的，可以按照创作作品付出的劳动、作品排列、作者姓氏笔画等确定署名顺序。

具体到本案，两位编剧对剧本创作均付出了大量劳动、发挥了重要作用，不能通过简单对比得出哪位编剧贡献度更高的确定结论。另外，共同创作时，每位编剧所发挥的作用各有不同。制片方在影视作品上为编剧署名时冠以特定称谓，以体现每位编剧不同的分工和作用，这种做法本身并没有被著作权法或其他法律禁止，也未违背公序良俗。原创编剧与总编剧的称谓，从不同的层面与角度反映了不同编剧在创作中的工作性质和分工侧重，肯定了两位编剧对剧本的贡献以及与前后剧本的关联关系。同时，电视剧海报和片花是制片方为宣传电视剧而制作，既不是电视剧作品本身，其目的和功能也非表明作者身份。因此，上述行为并未侵害蒋某的署名权。

需要注意的是，对于基于原作品而产生的演绎作品，原作品的作者仍然有署名权。例如，如果某电影公司根据钱钟书先生的小说拍摄了同名电影，就应当注明"根据钱钟书同名小说改编"。当然，作者的署名权还应与商业习惯相协调。比如，在公共场所播放录音制品中的音乐作品，是不会——报出音乐作品的词曲作者的。根据《著作权法实施条例》的规定，使用他人作品的，应当指明作者姓名、作品名称；但是，当事人另有约定或者由于作品使用方式的特性无法指明的除外。

3. 对作品的何种改动侵犯著作权人的修改权？

傅雷夫妇去世已过 50 年，其撰写的包括家信在内的作品已于 2017 年进入公有领域，但围绕《傅雷家书》的纠纷仍在继续。傅雷次子傅某作为继承人，主张他人出版的图书对已进入公有领域的傅雷夫妇家信进行汇编时，存在不同程度的内容删减，侵害了傅雷对其家信作品的修改权。对作品的何种改动会侵犯著作权人的修改权呢？

案例来源：（2019）苏民终 955 号。

专家解答

根据《著作权法》第十条第一款第三项的规定，修改权是指修改或者授权他人修改作品的权利。修改权属于著作人身权，即作者基于创作的作品而依法享有的以人身利益为内容的权利。只有经作者授权，他人才能修改其作品，未经授权而擅自修改，即构成对作者修改权的侵犯。修改权中的改动是指对作品内容局部的变更及文字、用语的修正。

本案中，被控侵权图书将已进入公有领域的傅雷夫妇家信进行汇编。一般而言，汇编进入公有领域的作品或作品片段时，如果对其中的内容作出局部的变更以及文字、用语的修正，则属于侵害原作品作者的修改权。如果只是节选原作品的片段，并未对作品片段中的内容作出任何改动，则不应认定侵害原作品作者的修改权；一旦认定这种行为属于侵权，将导致他人无法基于某种主题选择，对进入公有领域的作品片段进行汇编，这样的话显然不利于对进入公有领域的作品以不同形式进行再次利用与传播，也将导致著作权法规定的对作品片段进行汇编的权利在事实上被架空。将被控侵权图书选择的傅雷家信与原书信相比，虽然存在删节，但并未对选取的家信内容作出任何变更或文字、用语的修正，因此未侵害傅雷对其作品的修改权。

需要注意的是，一般情况下，他人修改作品必须得到原作者授权。不过也有例外，《著作权法》第三十六条规定：报社、期刊社可以对作品作文字性修改、删节。对内容的修改，应当经作者许可。这一规定表明，文字作品的"文字性修改或删节"并非修改权意义上的修改；对内容的修改，才算是修改权意义上的"修改"。当然，对内容的修改存在度的问题。在具体案件中要参考相关行业习惯来确定哪些修改是文字性的，哪些修改是内容性的。

4. 对作品的何种改动侵犯著作权人的保护作品完整权？

《鬼吹灯》系列小说作者张牧野（天下霸唱）认为电影《九层妖塔》在改编摄制过程中，将原著《精绝古城》小说中的人物设置、故事情节等都做了颠覆性改动，与原著差别很大，这些改动已经严重歪曲、篡改其原作品，侵犯了他的保护作品完整权。那么，何种改动会侵犯保护作品完整权呢？

案例来源：（2016）京 73 民终 587 号。

🎓 专家解答

根据《著作权法》第十条第一款第四项的规定，保护作品完整权即保护作品不受歪曲、篡改的权利。作品完整是指作者通过作品所传达的意思真实，指作者通过作品所烙印的"精神权利"不受歪曲、篡改。保护作品完整权所禁止的是歪曲、篡改作品，而非一切对作品的改动。歪曲，即改变事物的本来面目；篡改，指用作伪的手段改动原文或歪曲原意。即作者有权保护其作品不被他人丑化，不被他人做违背其思想的删除、增添或者其他损害性的变动。

在曾经发生的《寡妇村》电影改编纠纷案中，法院认为：制片方在摄制电影《寡妇村》的过程中，对原著《寡妇村的节日》所作的增删改动，没有对原著的主要故事情节、主要作品内涵和主要人物关系作重大改变，其删改属导演再创作许可范围内的活动，故维持原判，对原著作者保护作品完整权的诉求不予支持。

具体到本案，涉案电影《九层妖塔》直接把外星文明作为整体背景设定，并把男、女主人公都设定为拥有一定特异功能的外星人后裔，严重违背了作者在原作品中的基础设定，实质上改变了作者在原作中的思想观点，足以构成歪曲、篡改。

我国《著作权法实施条例》第十条对电影改编情况下对作品进行改动的程度作了明确的规定：著作权人许可他人将其作品摄制成电影作品和以类似摄制电影的方法创作作品的，视为已同意对其作品进行必要的改动，但是这种改动不得歪曲、篡改原作品。该条文本身对这种改动进行了两个层面的限制：一是改动须是必要的；

二是改动不得歪曲、篡改原作品。通过上述两个案例可见，在电影改编中并不是不能改动原著，而是要看在改编过程中，主要故事情节、主要作品内涵和主要人物关系是否进行了重大改变，且这种改变是否必要，是否歪曲、篡改了原作品。

5. 民间自制吉祥物冰墩墩是否侵犯著作权人的复制权？

随着 2022 年北京冬奥会的成功举办，吉祥物冰墩墩的形象深受大家喜爱，由冰墩墩衍生出的各种周边产品供不应求。于是，大家脑洞大开，争相挑战，用花馍、面人、雪人、糖画、剪纸、橡皮泥等自制冰墩墩。仿制的冰墩墩玩偶等也在一些电商平台上售卖，有冰墩墩造型的其他产品也纷纷热卖。那么，这些行为是否侵犯复制权呢？

🎓 **专家解答**

根据《著作权法》第十条第一款第五项的规定，**复制权是指以印刷、复印、拓印、录音、录像、翻录、翻拍、数字化等方式将作品制作一份或者多份的权利。**数字化是指将以非数字媒介存储的作品或尚未被固定的作品转换为以数字媒介存储的作品。根据复制行为涉及的载体类型，可以将复制行为分为以下几类：从平面到平面的复制、从平面到立体的复制、从立体到平面的复制、从立体到立体的复制、从无载体到有载体的复制等。

冰墩墩形象同时也属于美术作品，在国家版权局有作品登记，自行制作冰墩墩构成对冰墩墩美术作品的复制，侵犯了著作权人（北京冬奥会组委会）的复制权。此外，冰墩墩的著作权同样受著作权法关于作品合理使用的限制。比如，在以下两种情况下使用冰墩墩形象，通常不会损害著作权人的合法权益，不构成侵权：一是使用者是出于欣赏而使用，比如将其形象编织在围巾、手套等个人用品上，仅供自己使用；二是报纸、期刊、广播电台、电视台等媒体在报道新闻时对该形象进行再现等。但是，如果擅自销售有冰墩墩造型的各种产品，或者将冰墩墩形象做成类似表情包的图案在网上传播，就属于侵权行为。

需要注意的是，随着信息网络的发展，作品在计算机中广泛传播，对处于数字环境中的作品，也需要对私人复制行为进行规制。这是因为，数字技术可以把作品固定在新型物质载体上，例如芯片、光盘、硬盘、网络服务器、网站数据库等，而数字化格式作品可以制作成一份或多份复制件。因此，将作品数字化上传至网络，也有可能侵犯复制权。

6. 销售复制品是否侵犯著作权人的发行权？

深圳盟世奇商贸有限公司（以下简称"盟世奇公司"）经动画片《熊出没》著作权人华强公司授权，有在毛绒玩具产品上专有使用《熊出没》作品及作品中卡通形象（包括熊大等）著作权的权利，及以自己的名义提起诉讼的权利。甲公司在其销售的毛绒玩具上，使用了与熊大基本一致的卡通形象。该行为是否侵犯盟世奇公司的发行权？

🎓 专家解答

根据《著作权法》第十条第一款第六项的规定，发行权即以出售或者赠与方式向公众提供作品的原件或者复制件的权利。发行权主要针对的是转移原件或复制件所有权的行为，使得著作权人能够控制复制以外的流通环节。著作权法创设发行权的目的在于防止他人出售作品的非法复制件。发行权一般由著作权所有人通过合同或其他约定形式转让给具有发行能力（资格）的单位或个人，也可以由著作权人自己行使。

侵犯发行权是指未经许可以出售或赠与方式向公众提供作品的原件或复制件的权利。华强公司明确授权，盟世奇公司有在毛绒玩具产品上使用熊大等卡通形象的专有权利。盟世奇公司依据授权，享有对熊大等卡通形象的复制权和发行权。本案中，甲公司未经著作权专有使用权人盟世奇公司许可，销售熊大等卡通形象的复制品，侵犯了盟世奇公司的发行权。

需要注意的是，发行权的行使并不局限于传统意义上的期刊、报纸、书籍等文学类作品，美术作品、摄影作品等同样享有发行权。发行权与发表权属于不同的著作权。首先，两者的权利属性不同。发行权属于著作财产权的一种，发表权属于著作人身权的一种。其次，对作品的原件或某些复制件，著作权人的发行权即使一次用尽，也不影响其继续行使对其他作品复制件的发行权；发表权只能行使一次，即首次向不特定的公众发表其作品。

7. 享有出租权的权利主体有哪些？

李某看到网上售卖的一款车载 MV 专用 U 盘音质和画面效果很好，在市场上很受欢迎，但是价格很贵，于是想到了一个赚钱的主意。他在网上大量购买这款 U 盘，然后通过朋友圈、车友群等对外进行出租，获利颇丰。有朋友告诉他这样是侵权的，他很不理解。他认为，自己买的是正版产品，怎么会侵权呢？那么，李某的行为到底侵不侵权？如果侵权，侵害了谁的权利？

🎓 专家解答

根据《著作权法》第十条第一款第七项的规定，出租权即有偿许可他人临时使用视听作品、计算机软件的原件或者复制件的权利，计算机软件不是出租的主要标的的除外。著作权法意义上的出租是特定的，指的是出租载有作品的物。著作权人一般并不拥有载有视听作品、计算机软件的载体的所有权，但有出租权。出租经营者需要经过著作权人的授权许可，才可以出租载有视听作品、计算机软件的载体。出租权的权利主体不仅包括视听作品的著作权人、计算机软件的著作权人，还包括表演者、录音制品制作者、录像制品制作者等邻接权人。

因此，李某从网上购买车载 MV 专用 U 盘并出租给他人的行为，不仅侵犯了 MV 视听作品著作权人（在 MV 属于视听作品的情况下）或录音录像制作者（在 MV 属于录音录像制品的情况下）的出租权，还侵犯了其中表演者的出租权。虽然我国《著作权法》规定了出租权，但由于目前我国视听作品和计算机软件作品的盗版率较高且盗版售价很低，购买盗版远较租赁合算，再加上近年来从网络上下载视听作品和软件较为便捷，音像出租店在城市中很少见，而软件出租店几乎未出现过。因此，在出租行为鲜见的情况下，《著作权法》规定出租权的宣示意义大于实际意义。

需要注意的是，计算机软件若是植入芯片，而非出

租的主要对象，则不需要经软件著作权人的许可。如，
在高铁站、机场候车厅出租含有智能芯片的按摩座椅，
就不需要经过计算机软件著作权人的许可。

8. 表演者在演出活动中侵犯著作权人的表演权，应由谁承担侵权责任？

陈涛受电视连续剧《金粉世家》剧组的委托，创作了其主题曲《暗香》的歌词，并对《暗香》歌词享有著作权，并由歌手沙某演唱此主题曲。后来，沙某在第四届中国金鹰电视艺术节开幕式、第七届宁波国际服装节开幕式上演唱了《暗香》。陈涛认为该表演行为侵犯了其表演权。那么，以上行为是否侵犯了陈涛对其作品《暗香》所享有的表演权？如果存在侵权，表演者在演出活动中侵犯著作权人的表演权，应由谁承担侵权责任？

👨‍🎓 专家解答

根据《著作权法》第十条第一款第九项的规定，表演权是指公开表演作品，以及用各种手段公开播送作品的表演的权利。表演权控制两种类型的行为：一类是由演员通过语言、动作、道具、表情、乐器等在现场对作品进行的公开表演，即现场表演。现场表演常见的有朗诵诗词、演唱歌曲、演奏音乐、表演舞蹈等行为。另一

类是使用机器设备将对作品的表演以各种手段进行公开播送，即机械表演。其中最为典型的是将对作品的表演录制下来后，使用机器设备公开播放，即表演者表演的歌曲、戏曲等被制成录音录像制品后，借助录音机、录像机、DVD 播放机等公开播放。例如，在商场、超市、酒店、餐馆里，在飞机、火车上播放背景音乐的行为就是典型的机械表演。同时，《著作权法》规定：使用他人作品演出，表演者应当取得著作权人许可，并支付报酬。演出组织者组织演出，由组织者取得著作权人许可，并支付报酬。

本案中，沙某是在组织单位的组织下演唱了由陈涛作词的歌曲《暗香》，虽然他是该歌曲的现场表演者，但就该表演行为而言，应由涉案演出的组织单位征得著作权人许可。因此，本案中，陈涛的表演权被侵权，应由涉案演出的组织单位承担侵权责任。

需要注意的是，我国是将表演权与放映权、广播权分开规定的。机械表演仅指将对作品的表演使用机器设备予以公开播放的行为，而不包括公开放映电影和通过广播传播作品的行为。

9.KTV 通过点播系统提供播放服务，侵犯著作权人的放映权等相关权利吗？

上海灿星文化传媒股份有限公司（以下简称"灿星公司"）是《中国好歌曲》第一季、第二季、第三季，《中国新歌声》第一季和《中国之星》等电视节目的著作权人，且对上述节目进行了版权登记。但灿星公司发现，某娱乐服务中心未经许可，以经营为目的，在其营业场所的点播设备中收录了《中国好歌曲》第二季、第三季中《唱我的歌》等作品，并通过其点播系统放映设备公开播放。灿星公司认为，该娱乐服务中心的行为侵犯了其放映权等相关权利，故诉至法院。那么，该娱乐服务中心的行为是否侵犯灿星公司享有的放映权等相关权利呢？

🎓 **专家解答**

根据《著作权法》第十条第一款第十项的规定，放映权即通过放映机、幻灯机等技术设备公开再现美术、摄影、视听作品等的权利。放映权，是向公众公开播放特定作品的权利。放映权旨在控制电影播放和幻灯展示之类的行为，公开播放电影等作品的行为应当经过著作权人的许可，并支付报酬。其实，放映权的定义是开放式的，末句的"等"字表明，享有放映权的作品，不仅限于美术、摄影、视听作品，也包括其他能够放映的作品。

公开再现是放映权的根本特征。个人和家庭内部的放映不属于公开展现，不侵犯著作权人的放映权。

具体到本案，被告未经许可，以经营为目的，在其营业场所的点播设备中收录了原告享有著作权的《中国好歌曲》第二季、第三季中《唱我的歌》等作品，并通过其点播系统擅自使用涉案作品提供卡拉 OK 播放经营服务，属于著作权中放映权规制的放映行为，侵害了原告涉案作品的放映权等相关权利，应承担停止侵害、赔偿损失等民事责任。

需要注意的是，随着信息技术的发展，数字化作品取代了之前的电影胶片和有形幻灯片，放映权规制的放映形式也不再局限于放映机、幻灯机播放，通过数字化显示屏播放作品也是一种放映行为。法院在大量 MTV 的案件中，对放映权做变通的解释，将放映权延伸到数字点播系统，都会确认 KTV 通过数字点播系统在电视或电脑屏幕上播放 MTV 作品，侵害了著作权人对其作品所享有的放映权。

10. 在网络直播中演唱他人歌曲，侵犯著作权人的广播权吗？

随着网络直播行业的兴起，在未获得著作权人授权和许可的情况下，一些主播在直播间中利用音乐、视频资源进行表演，并因此获得经济利益的情况越来越多。那么，这些主播未经许可，在直播间演唱歌曲的行为是否侵权著作权人的广播权？

🎓 **专家解答**

为适应网络直播、同步转播等新技术发展的要求，《著作权法》对广播权有关表述进行了修改，扩张了广播权的定义。根据《著作权法》第十条第一款第十一项的规定，广播权即以有线或者无线方式公开传播或者转播作品，以及通过扩音器或者其他传送符号、声音、图像的类似工具向公众传播广播的作品的权利，但不包括信息网络传播权。广播权的内容包括三层意思：第一层是，公开传播作品，既可以是无线方式，也可以是有线方式。第二层是，通过有线或者无线方式转播作品。如，通过有线广播或者有线电视转播无线电台、电视台广播的作品，而不是直接以有线方式传播作品；又如，在互联网上同步转播电视台正在播放的体育节目。第三层是，通过扩音器等工具传播电台、电视台等广播的作品，而不是直接以扩音器等工具传播作品。

广播权的扩张合理解决了网络非交互式传播的法律定性问题，适应了新技术发展的要求，是著作权法修订取得的很大成就之一。依据《著作权法》的规定，网络直播传播作品行为被明确纳入广播权规制的范围。主播在直播间演唱他人歌曲的行为如果不属于合理使用，在进行直播时应取得词曲著作权人的广播权授权，否则就会陷入侵权纠纷。

需要注意的是，广播权扩张后，直播表演唱歌、直播播放音乐作为背景音乐、网络电台定时播放歌曲、直播或实时转播演唱会等均需取得词曲著作权人的广播权许可。

11. 通过局域网提供回看服务是否侵犯著作权人的信息网络传播权？

乐视网信息技术（北京）股份有限公司（以下简称"乐视网"）享有电视剧《男人帮》的独占专有信息网络传播权。而甲公司等未经其授权，通过自己架设的局域网向其宽带用户提供付费或免费的《男人帮》回看服务。甲公司等的行为是否侵犯乐视网对涉案影视作品的信息网络传播权？

🎓 专家解答

根据《著作权法》第十条第一款第十二项的规定，信息网络传播权即以有线或者无线方式向公众提供，使公众可以在其选定的时间和地点获得作品的权利。《著作权法》规定的信息网络传播权的实质在于控制交互式传播行为，而"使公众可以在其选定的时间和地点获得作品"的表达只是为了描述交互式传播的特征。因此，任何通过网络实施的交互式传播行为，都应受到信息网络传播权的控制，而不能将"选定的时间和地点"绝对地理解为个人可以随意选择任一时刻和世界上任一地点。《最高人民法院关于审理侵害信息网络传播权民事纠纷案件适用法律若干问题的规定》指出，本规定所称信息网络，包括以计算机、电视机、固定电话机、移动电话机等电子设备为终端的计算机互联网、广播电视网、固定通信网、移动通信网等信息网络，以及向公众开放的局域网络。

本案中，因为甲公司通过自己架设的局域网，向其宽带用户提供了相关作品的回看服务，其 IPTV 业务用户在机顶盒接入互联网后，可以在选定的时间收看在线播放的电视剧作品。这种行为构成了对涉案电视剧作品信息网络传播权的侵害。

需要注意的是，构成信息网络传播权应当具备两个条件：一是该传播行为必须是通过网络向公众提供作品。提供作品仅指使公众有通过网络获得上述作品的可能性，而不必强调要将作品提供给公众。二是该传播行为必须是交互式的传播行为，也就是能够点对点地按需传播。如果该传播行为没有采用交互式传播方式，即便资源提供者通过网络向公众传播了作品，也不属于受信息网络传播权控制的行为。

12. 把所购雕塑陈列在店铺门口，侵犯著作权人的展览权吗？

张某是一名艺术品收藏爱好者，热衷于购买各种各样的雕塑。他把这些雕塑一部分放在家中，另一部分陈列于自己店铺门口。随着国家知识产权保护力度的不断加大，一日，在听完著作权普法宣传以后，张某担心，把这些雕塑陈列在自己店铺门口，会侵犯他人的著作权。那么，张某在店铺门口陈列这些雕塑是否侵权呢？

🎓 专家解答

根据《著作权法》第十条第一款第八项的规定，展览权即公开陈列美术作品、摄影作品的原件或者复制件的权利。展览权规制的对象只有美术作品和摄影作品。展览必须是针对不特定的多数人，如果仅供家庭或特定的少数人欣赏，则不属于展览。同时，《著作权法》规定，作品原件所有权的转移，不改变作品著作权的归属，但美术、摄影作品原件的展览权由原件所有人享有。

张某购买的雕塑属于美术作品。由于美术作品的特殊性，其著作权和物权有时会出现分属不同权利人的情形。基于该类作品的特殊性，展览权虽属于著作财产权，但行使这一权利时要借助作品载体才能实现。因此，《著作权法》规定，美术作品的原件所有权转移后，展览权归作品的原件所有人所有。故张某购买的雕塑在所有权转移以后，雕塑的展览权归张某所有，他有权将其陈列在自己店铺门口，装饰店铺。

值得注意的是，展览权所控制的展览行为，并不限于在美术馆、博物馆、会展中心等专门场馆举办的正式艺术品展览。因此，能使不特定的多数人欣赏到美术作品、摄影作品原件或复制件的行为，即构成展览。

13. 未经许可将他人小说改编后拍摄成电影，侵犯他人的摄制权吗？

李某近期出版了一部反映故乡风土人情的小说。而当地某影视公司在拍摄一部反映当地风土人情的影片时，未经李某许可，就把他的小说改编成剧本，拍摄成电影并搬上了银幕。李某以该影视公司侵犯了自己的改编权、摄制权为由起诉到法院，该影视公司则辩称自己是根据剧本拍摄的电影，只需取得剧本著作权人的摄制权授权即可。那么，该影视公司是否侵犯了李某的摄制权？

🎓 **专家解答**

根据《著作权法》第十条第一款第十三项的规定，摄制权即以摄制视听作品的方法将作品固定在载体上的权利。将他人的小说、戏剧等作品拍摄成电影、电视剧等视听作品，应当经过许可，否则就构成侵权行为。

本案中，该影视公司在未经李某授权的情况下，就将其小说改编成剧本，然后拍成电影，而电影中的剧情架构、人物设置、人物关系以及故事情节等均与李某小说作品情节高度雷同，所以其改编行为和摄制行为都构成对李某小说作品的实质性使用，侵犯了李某的改编权、摄制权。需要指出的是，依据剧本拍摄电影需要征得小说著作权人及剧本著作权人两方的授权，被告关于摄制权由剧本著作权人单独享有，小说著作权人无权行使该项权利的辩称不能成立。

需要注意的是，一般情况下，摄制权包含改编权，因为，在大多数情况下，要将一部小说拍摄成电影或电视剧，首先要将小说改编成剧本。此外，影视公司一定要注意，要在协议约定期限内，完成剧本改编、电视剧拍摄等所有影视剧制作行为。如果没有在协议约定期限内完成上述行为，且未与著作权人达成续约共识而再行拍摄，就构成对著作权人摄制权的侵犯。

14. 旧曲填新词构成对改编权的侵犯吗？

相声演员岳云鹏使用《牡丹之歌》原有的曲调，重新填词，形成新作《五环之歌》，并在其相声作品中演唱。随后，电影《煎饼侠》制片方使用《五环之歌》作为背景音乐，而《牡丹之歌》的文字改编权是某文化传播公司经授权享有的。因此，该文化传播公司将岳云鹏等告上法庭，主张停止使用《五环之歌》、电影《煎饼侠》的背景音乐，以及停止在互联网上传播《五环之歌》的宣传 MV，并赔偿自己的相应经济损失。那么，岳云鹏使用《牡丹之歌》原有的曲调，自己重新填词，是否侵犯了该文化传播公司的改编权呢？

案例来源：（2019）津 03 知民终 6 号。

🎓 专家解答

根据《著作权法》第十条第一款第十四项的规定，改编权即改变作品，创作出具有独创性的新作品的权利。如，将小说改编成漫画，将戏剧改编成电影剧本等。改编权也包括对作品进行扩写、缩写或者改写，虽未改变作品类型，只要创作出具有独创性的作品，也可以被认为是改编作品。

本案中，某文化传播公司获得《牡丹之歌》词作者的文字改编权授权，但《五环之歌》并未使用《牡丹之歌》的歌词部分，而是创作了新的内容。《五环之歌》歌词与《牡丹之歌》歌词既不相同，也不相似，是具有独创性的表达，同时《五环之歌》表达的思想主题、表达方式与《牡丹之歌》亦不相同，因此并没有侵犯某文化传播公司对《牡丹之歌》

作品歌词部分享有的改编权。

　　需要注意的是，仅仅根据原作品的思想创作出新作品，并非受改编权控制的行为，只有在保留原作品基本表达的情况下，通过改变原作品创作出新作品，才是著作权法意义上的改编行为。因此，被控侵权作品是否够构成对原有作品改编权的侵犯，应当取决于是否使用了原有作品的基本表达，而且所使用的原有作品的基本表达必须是受著作权法保护的、具有独创性的。

15. 翻译电影字幕侵犯著作权人的翻译权吗？

　　张华在网上发现了一款能翻译电影字幕的软件，便尝试着翻译了几部英文电影。张华想，如果把带有英文字幕的电影都翻译好，再上传到网上，就可以使更多英语水平不高的人看得懂电影了。那么，如果张华实施了以上行为，是否侵犯原剧著作权人的翻译权？

🎓 专家解答

　　根据《著作权法》第十条第一款第十五项的规定，翻译权即将作品从一种语言文字转换成另一种语言文字的权利。著作权人可以许可他人行使翻译权，并按照约定或者相关规定取得报酬。因此，未经著作权人许可，擅自将其作品进行翻译并且进行后续利用，就可能构成侵权。

本例中，电影的著作权人属于制作人。字幕是电影的一部分，如果张华想翻译电影的字幕，需要取得电影制作人的许可。如果张华翻译完字幕后，把电影上传到网络进行传播，哪怕他没有将其用于商业，也会侵犯电影著作权人的翻译权和信息网络传播权。当然，对于已经超过著作权法保护期限，进入公有领域的影视作品，张华的字幕翻译行为则不会构成侵权。

需要注意的是，并非所有转换作品表达方式的行为都是著作权法意义上的翻译行为。这里的"翻译"，应该是体现翻译者独创性劳动的演绎活动，而不是机械的转化活动。例如，利用通用的编译工具，将计算机程序源代码由计算机程序编译成目标代码，将音乐作品以简谱记录转换成以五线谱记录，将用汉语写成的小说改成盲文等。在这些情况下，个人的智力创造没有发挥的余地，其转化行为缺乏起码的智力创造性，不符合作品的独创性要求，所以，这种转换只是复制行为，而非翻译行为。另外，根据《著作权法》规定，将中国公民、法人或者非法人组织已经发表的以国家通用语言文字创作的作品翻译成少数民族语言文字作品在国内出版发行的，属于合理使用。

16. 将影视片段剪辑成小视频，侵犯著作权人的汇编权吗？

在某新剧播出期间，张某看到评论说剧中自己的偶像演技不好，有些难过。后来他无意间听说，判断明星演技好坏，关键在于他表演的哭戏如何。于是，张某在闲暇之余，就将由某影视公司所拍摄的自己偶像的系列电影进行挑选，将其中的各种哭戏编排剪辑成了一个小视频，并上传到短视频平台为偶像正名。那么，张某的这种行为是否侵犯作为制片方的该影视公司的汇编权？

🎓 专家解答

根据《著作权法》第十条第一款第十六项的规定，汇编权是指将作品或者作品的片段通过选择或者编排，汇集成新作品的权利。简单来说，就是对多个作品或作品片段的汇集。如果单单涉及一个作品或作品片段的复制，则不涉及汇编权。汇编权控制的是将作品或者其片段汇集成汇编作品的权利。但如果汇编的结果并不符合作品的独创性要求，则将该作品汇集成册的行为就不受汇编权控制。汇编并不改变作品本身，只是为一定目的将作品汇集。汇集成新作品的含义是在选择或编排上具有独创性，在整体上成为新作品。常见的各种评论文集、作品集、报纸、期刊等，都属于汇编作品。

本例中，张某在未经许可且未支付报酬的情况下，通过选择、编排，将该影视公司的系列电影片段擅自剪辑成小视频，其行为构成了对作为制片方的某影视公司汇编权的侵犯。现实生活中，此种情形屡见不鲜，尤其是短视频平台上类似的热播剧剪辑片段不胜枚举。随着版权意识的增强，近年来各影视公司越来越重视维权，视频剪辑者被诉诸法院的也越来越多。因此，类似剪辑视频的行为，要提前征得版权方许可并支付相应的报酬，否则可能面临诉讼风险。

需要注意的是，虽然汇编作品的著作权归汇编人享有，但行使汇编作品著作权时，不得侵犯所汇编作品的著作权。由于汇编权是作者的专有权利，因此，汇编他人受著作权法保护的作品或作品片段时，应征得他人同意，不得侵犯他人对其作品享有的著作权。

17. 表演者的合法权益该如何维护？

大学生杨某在学校举办的一次校园歌手大赛上，获得了一等奖。某音像出版机构未经许可，录制了包括杨某在内的部分大学生在校园歌手大赛上演唱的歌曲，随后以光盘形式在市场上进行销售，并在网络平台上进行收费下载及传播。杨某知道后，认为这种行为侵害了自己作为表演者的合法权益。那么，《著作权法》对此是如何规定的呢？

🎓 专家解答

根据《著作权法》第三十九条的规定，表演者权是指表演者对其表演活动所享有的权利。《视听表演北京条约》规定，表演者是指演员、歌唱家、音乐家、舞蹈家以及对文学或艺术作品或民间文学艺术表达（expressions of folklore）进行表演、歌唱、演说、朗诵、演奏、表现或以其他方式进行表演的其他人员。表演者权的内容在邻接权各类权利中是非常特殊的，因为它是唯一由人身权利和财产权利共同构成的邻接权。《著作权法》规定，表演者对其表演享有下列权利：（一）表明表演者身份；（二）保护表演形象不受歪曲；（三）许可他人从现场直播和公开传送其现场表演，并获得报酬；（四）许可他人录音录像，并获得报酬；（五）许可他人复制、发行、出租录有其表演的录音录像制品，并获得报酬；（六）许可他人通过信息网络向公众传播其表演，并获得报酬。

本案中，杨某等大学生作为歌曲的表演者，依法享有表演者权。该音像出版机构未经杨某等人同意，私自录制了他们的表演活动，随后再以光盘形式在市场上进行销售，并在网络平台上进行收费下载及传播，这些行为侵犯了杨某等人表明表演者身份权、许可他人录音录像并获得报酬权、许可他人通过信息网络向公众传播其表演并获得报酬等表演者权利。

需要注意的是，如果表演者进行了多次表演，无论每次表演内容是否相同，其对每次表演都享有表演者权。例如，某舞蹈艺术家在上海表演了一场舞蹈之后，又在杭州进行了相同内容的舞蹈演出，则该舞蹈艺术家对这两次表演分别享有表演者权。即使该舞蹈艺术家在上海演出时授权某电视台进行现场直播，也不意味着该电视台可以未经授权，对该舞蹈艺术家在杭州的演出进行现场直播。

18. 餐厅播放唱片需要向录音制作者付费吗？

某餐厅经营者张某发现，近期关于对知识产权进行严格保护的宣传越来越多，加上在工作期间偶尔会接受有关著作权法方面的培训，他产生了顾虑：在餐厅内部播放唱片作为背景音乐，餐厅经营者需要经过录音制作者许可吗？需要向录音制作者付费吗？

🎓 专家解答

根据《著作权法》第四十四条的规定，录音录像制作者对其制作的录音录像制品，享有许可他人复制、发行、出租、通过信息网络向公众传播并获得报酬的权利。同时，《著作权法》第四十五条规定，将录音制品用于有线或者无线公开传播，或者通过传送声音的技术设备向公众公开播送的，应当向录音制作者支付报酬。也就是说，录音制作者对其录音制品享有广播获酬权和机械表演获酬权。

本例中，餐厅经营者在餐厅内播放唱片作为背景音乐，属于机械表演行为，作品的著作权人享有表演权，所以其播放唱片需要经过作品著作权人许可并支付报酬，否则，就构成对著作权的侵犯。录音制作者并不享有表演权，所以，在餐厅内播放唱片作为背景音乐的行为不需要经过录音制作者许可，但是，基于录音制作者享有对录音制品的机械表演获酬权，需要向录音制作者支付报酬。

需要注意的是，录音录像制作者权的主体即录音、录像制品的制作者，是指首次制作录音录像制品的人（包括自然人、法人和非法人组织）；录制者权的客体是录音制品和录像制品。录音制品指的是已录制的声音。它强调的不是物质载体（如承载声音的唱片等），而是声音本身，只不过该声音必须是已被录制，即被固定在物质载体上的声音。同样，录像制品指的是固定在物质载体上的、独创性没有达到视听作品要求的连续影像。录音制品的载体通常是唱片、激光唱盘等，在新技术条件下，录音制品的载体也可以是电脑硬盘、服务器或者网络虚拟空间等。

19. 通过网络转播电视节目，侵犯著作权人的广播组织权吗？

在举行世界杯、奥运会等重大赛事期间，央视都会斥巨资购买相关赛事的现场直播权。而在直播时，如果其他电视台或网络平台未经许可，就截取央视信号进行转播，会使受众分流，从而降低央视收视率和相应广告收入。那么，在《著作权法》实施以后，如果有网站、APP未经央视许可，就转播其相关赛事，央视是否可起诉对方侵犯其广播组织权呢？

🎓 专家解答

根据《著作权法》第四十七条的规定，结合司法实践，我们可以这样理解，广播组织权是指广播组织（即广播电台和电视台）就其播放的广播、电视享有的专有权利。广播电台、电视台有权禁止未经其许可的下列行为：（一）将其播放的广播、电视以有线或者无线方式转播；（二）将其播放的广播、电视录制以及复制；（三）将其播放的广播、电视通过信息网络向公众传播。广播电台、电视台行使前款规定的权利，不得影响、限制或者侵害他人行使著作权或者与著作权有关的权利。广播组织权的内容包括三种权利：转播权，录制、复制权，信息网络传播权。

在《著作权法》实施之前，央视没有办法通过广播组织权中的转播权去规制网站、APP 转播世界杯或者奥运会比赛的行为。因为 2020 年修法之前的《著作权法》（2010 修正）虽然也给广播组织以转播权，但这个转播权没有延及网络环境。在《著作权法》实施后，通过互联网的方式对广播组织播放的广播电视向公众进行同步播放的行为，受到广播组织权中转播权的规制。网络公司通过自身网站或者 APP，转播电视节目、直播赛事等均属于侵犯广播组织权，应当承担侵权责任。广播电台、电视台的转播权可以规制以任何技术手段，包括通过互联网对其播放的广播电视向公众进行的同步播放行为。

需要注意的是，目前我国加入的有关广播组织权的国际条约只有《与贸易有关的知识产权协定》，其中对广播组织权的规定只有转播权，而且只限于无线转播。在我国参加的邻接权国际条约中，国民待遇的范围仅限于条约要求的保护，不延及缔约方国内法为邻接权人增加的额外保护。我们把转播权的范围拓展到有线转播和网络转播，这超出了《与贸易有关的知识产权协定》的要求，属于额外保护。对于额外保护，中国没有义务实行国民待遇。假如一家韩国电视台播出了一场音乐会实况，我国某网站未经其许可，截取了其广播信号进行网络直播，则一旦韩国电视台向我国国内法院提起诉讼，主张其广播组织权中的转播权被侵犯，要求该网站停止侵权，就不能得到法院支持。

20. 版式设计专用权也受著作权法保护？

李江最近创作了一部小说，刚刚通过海华出版社出版发行，就发现本市另一名作家随即通过大地出版社出版了一部同类题材小说，且该小说虽稍稍在版式设计上增加了一些细小元素，但整体上与李江小说的版式设计高度相似。那么，大地出版社是否侵犯了海华出版社的版式设计权？

🎓 专家解答

根据《著作权法》第三十七条的规定，出版者有权许可或者禁止他人使用其出版的图书、期刊的版式设计。该权利即为出版者享有的版式设计权，权利的保护期为十年，截止于使用该版式设计的图书、期刊首次出版后第十年的 12 月 31 日。版式设计是指对印刷品的版面格式的设计，包括对版心、排式、用字、间距、行距、标点等版面布局因素的安排。版式设计是出版者在编辑加工作品时完成的劳动成果。被出版的作品是否受著作权法的保护不影响版式设计权的成立。即便是影印类古籍，只要出版者投入一定的智力劳动，就可以创造出受保护的版式。版式设计权不保护书籍的内容，是出版者才能享有的专有权利。

在司法实践中，更倾向于把版式设计权视为出版者的专有复制权，即权利人有权禁止他人未经许可，擅自按原样复制或进行少量改动后复制使用其版式设计。所以，大地出版社的行为侵犯了海华出版社的版式设计权。

需要注意的是，装帧设计与版式设计是两个不同的概念。装帧设计是指对出版物外观的装饰设计，如封面的色彩、图形等。许多装帧设计可以作为美术作品受到保护，如果出版物因销量很大而知名度很高，其装帧设计还可以作为知名商品特有的装潢，受到《中华人民共和国反不正当竞争法》的保护。

著作权主体篇：
不是只有作者才享有著作权

著作权主体即享有著作权的人。通常情况下，著作权属于作者。不过，还存在一些例外：如法人作品，特殊职务作品，电影、电视剧视听作品的著作权并不属于创作者；委托作品，电影、电视剧以外的其他视听作品的著作权归属，可以通过合同约定。那么，哪些人可以在何种情况下享有著作权？特定作品的著作权由谁享有和行使？在本篇中寻找答案吧！

1. 离婚时作品著作权能否进行分割？

王某经过多年科学研究，写出了一本专著。在专著发表前，其妻提出离婚，并以家务事都是由自己承担，丈夫的科研成果应有自己的功劳为由，提出自己对这本专著也享有一部分著作权。王某妻子的要求合理吗？

👨‍🎓 专家解答

根据《著作权法》第十一条的规定，除了特别规定的情形，创作作品的自然人即作品的作者，也就是作品的著作权人。那么什么是创作呢？《著作权法实施条例》第三条规定，著作权法所称创作，是指直接产生文学、艺术和科学作品的智力活动。所以，只有实际从事了创作的自然人才是作者，没有进行实际创作，而仅仅组织他人创作、提供物质条件或者承担资料收集和其他辅助工作的人，都不是作者。

王某妻子只是替对方分担了家务，并没有直接参与作品的创作，不是作品的著作权人，就不能主张分割王某专著的著作权。那么新的问题来了，由著作权而取得的经济利益是否也完全属于作者本人呢？关于这一点，最高人民法院关于适用《中华人民共和国民法典》"婚姻家庭编"的解释（一），有明确规定，作为夫妻共同财产的知识产权收益，是指婚姻关系存续期间，实际取得或者已经明确可以取得的财产性收益。所以，虽然夫妻中没有参与创作的一方不能成为作品的著作权人，但是著作权在婚姻关系存续期间产生的收益，属于夫妻共同财产。举例来说，婚姻关系存续期间创作的作品获得的稿费，属于实际取得的收益；婚姻关系终止前尚未到账的稿费，则属于已经明确可以取得的收益。

需要注意的是，著作权是一种智力成果权，它既是一种财产权，也是一种人身权，具有很强的人身性，与人身不可分离，婚后夫妻双方中任一方取得的著作权归权利人专有，也仅归权利人行使，其配偶无权在其著作中署名，也不能对作品是否发表作出决定。依据现行法律规定，离婚时配偶作品的著作权不可分割。

2. 艺术类作品能被认定为法人作品吗？

孟某退休前是解放军画报社记者，在抗美援朝期间，他作为随军记者，拍摄了一系列反映抗美援朝战争的照片，刊登在《解放军画报》上，后来就该摄影作品的著作权是否属于他本人，引发了争议。艺术类作品（如摄影作品、美术作品等）能被认定为法人作品吗？

🎓 专家解答

根据《著作权法》第十一条第三款的规定，由法人或者非法人组织主持，代表法人或者非法人组织意志创作，并由法人或者非法人组织承担责任的作品，法人或者非法人组织视为作者。认定一个作品是否是法人作品，要看其是否符合法条中的三个要件。关于艺术类作品是否能够被认定为法人作品，可以看一个经典案例，那就是动画形象"葫芦娃"的著作权纠纷案。在胡某、吴某就动画形象"葫芦娃"的著作权纠纷诉上海美术电影制片厂（以下简称"上美影"）的判决中，法院指出，胡某、吴某虽然是上美影的职工，造型设计属于其职责范围，二人是在上美影主持下，为了完成工作任务而创作"葫芦娃"系列动画形象，"葫芦娃"美术作品产生的责任也应由上美影承担。上美影可能会就"葫芦娃"美术作品创作提出原则性要求（比如，要活泼可爱）、修改完善意见等，但是不能将法人作品要件中的法人意志简单地等同于单位指派工作任务，或等同于就创作提出原则性要求、修改完善意见等。"葫芦娃"系列动画形象的线条、轮廓、色彩还是服饰、颈饰、腰饰、葫芦冠等的选择，都体现了作者个人的构思、选择和表达。作为美术作品，"葫芦娃"系列动画形象的创作并不代表法人意志，不应被认定为法人作品。

对于艺术类作品而言，即使严格遵循工作单位领导指示，如"人物形象要庄严肃穆或和蔼可亲"，作者仍有很大的艺术创作空间，足以发挥个人的聪明才智，使创作体现出自身个性。所以，法人作品应仅限于公文类作品。因此，孟某在担任解放军画报社记者期间所拍摄的照片，不应被认定为法人作品。

那么，常见的法人作品有哪些呢？每年"两会"期间，国务院总理所做的政府工作报告就属于典型的法人作品，因为政府工作报告是在国务院的主持下创作的，体现了国务院的意志，并不是执笔者的个人意志，政府工作报告的责任由国务院承担。

3. 自传体作品的执笔人一定是著作权人吗？

国画大师李某欲将自己的传奇人生记录下来，于是请作家王某执笔，其助手张某整理素材。作家王某以李某的人生经历为素材，完成了自传体作品《我的艺术人生》。该作品的著作权一定属于执笔人王某吗？

🎓 专家解答

《最高人民法院关于审理著作权民事纠纷案件适用法律若干问题的解释》第十四条规定，当事人合意以特定人物经历为题材完成的自传体作品，当事人对著作权权属有约定的，依其约定；没有约定的，著作权归该特定人物享有。执笔人或整理人对作品完成付出劳动的，著作权人可以向其支付适当的报酬。自传体作品的著作权属于谁，要先看双方是如何约定的。如果事先约定这部自传体作品的著作权属于执笔人，那么执笔人就是著作权人；在没有约定的情况下，自传体作品的著作权就由特定人物享有。

在没有事先约定的情况下，自传体作品《我的艺术人生》的著作权由特定人物李某享有。可能有人会产生疑问：作家王某和李某的助手张某岂不是白辛苦一场？当然不是。因为《最高人民法院关于审理著作权民事纠纷案件适用法律若干问题的解释》第十四条中也强调，因为作家王某和助手张某作为执笔人和整理人对作品的完成付出了劳动，所以国画大师李某可以向他们支付适当的报酬。

需要注意的是，著作权不属于作品执笔人的情形还有很多。比如，作家王某边构思小说内容边进行口述，由其助手将口述内容记载下来，在这种情况下，作家王某虽然并没有亲手写，但依然是小说的作者。因为创作的形式是多种多样的，对作品作出了独创性贡献的人，都可以视为作者。再如，《最高人民法院关于审理著作权民事纠纷案件适用法律若干问题的解释》第十三条规定，除法人作品，由他人执笔，本人审阅定稿并以本人名义发表的报告、讲话等作品，著作权归报告人或者讲话人享有，著作权人可以支付执笔人适当的报酬。

4. 侵权在先的演绎作品受著作权法保护吗?

2014 年,人人影视字幕组发布微博称:某在线视频平台上的美国选秀节目《美国之声》(The Voice)视频盗用了其翻译的字幕,并删除了译者名单,字幕组为此进行交涉,反被某在线视频平台指责其翻译字幕是非法的。此事涉及一个法律问题:未获《美国之声》视频权利人授权而进行翻译,人人影视字幕组翻译的字幕受著作权法保护吗?

专家解答

人人影视字幕组翻译的字幕是其独创性智力成果,属于演绎作品,受著作权法保护。根据《著作权法》第十三条的规定,演绎作品指的是改编、翻译、注释、整理已有作品而产生的作品,其著作权由改编、翻译、注释、整理人享有。某在线视频平台未经人人影视字幕组许可,盗用其翻译的字幕并删除译者名单的行为,侵犯了该字幕组的著作权。虽然人人影视字幕组未经许可对原作品进行翻译,并对由此产生的演绎作品进行后续利用,其行为已经侵犯了原作品的著作权,但是并不能就此否定人人影视字幕组对其翻译的字幕享有著作权。

给予未经许可演绎者以著作权法保护,绝不意味着该演绎者可以随意使用该演绎作品，因为这势必会侵犯原作品著作权人的演绎权。例如，某译者未经许可，将一英国作家的小说翻译成中文后，无权单独授权出版社出版其中文版，而应先获得该英国作家的许可。而要获得该英国作家的许可，可由译者或出版社联系。给予未经许可演绎者以著作权法意义上的保护，仅意味着他人不能随意使用该演绎作品，一旦使用则构成对演绎者的侵权。上例中，未经许可将该英国作家的小说翻译成中文，译者虽然无权单独授权出版社出版其中文版，但如果出版社未经译者授权出版该小说中文版，仍然构成对其著作权的侵权。此时如果法院判决出版社赔偿译者，赔偿金额也只能以译者的独创性贡献，也即其在翻译中付出的智力劳动为基础，而不能将原作者创作小说的智力劳动也算进去。

　　需要注意的是，演绎作品之中存在双重权利结构，意味着如果有人想使用演绎作品，不仅要得到演绎作品著作权人的许可，还要得到原作品著作权人的许可。另外，影视作品是特殊的演绎作品（原作品为小说、戏剧等），其特殊性体现在：制片方完全享有利用影视作品自身（也即排除将其改编成漫画出版，或改编成戏剧上演等利用方式）的权利。对影视剧的复制、发行、放映、网络传播或进行配音、对其字幕进行翻译等，只需要经过影视作品制作者许可，而无须经过原作品著作权人的许可。

5. 舞蹈作品是所有参加表演者的合作作品吗？

2021 年河南卫视春节联欢晚会推出的《唐宫夜宴》舞蹈节目及唐宫小姐姐们火爆网络。那么，《唐宫夜宴》舞蹈作品是所有唐宫小姐姐们的合作作品吗？

🎓 专家解答

根据《著作权法》第十四条的规定，两人以上合作创作的作品属于合作作品。舞蹈作品不是指舞台上的表演，而是指被表演的舞蹈动作的设计。表演者只是在对舞蹈作品进行表演，并没有参与舞蹈动作的设计，也就是说没有参与舞蹈作品创作的，不能成为合作作者，所以，舞蹈作品并不是所有参加表演者的合作作品。

司法实践中，关于如何认定是否为合作作品，一般从两方面考虑：第一，必须有共同创作的意愿，即在创作前要有一起创作的合意。如果一个作品已经独立存在，他人在其基础上进行增删、完善或者进行改编等演绎，那也不是合作作品。比如，甲创作了一首短诗，发表之后，电影公司在经过甲许可后，为短诗配上乐曲，制作成电影的主题曲，则该电影主题曲就不是合作作品。因为甲在创作短诗时并没有将其与乐曲结合起来的意图。第二，必须有共同创作的行为，即作者都参与了实际的创作活动。只有实际参与创作活动，对最终的作品作出了独创性贡献的人，才能成为合作作者。仅仅为创作提供咨询意见、物质条件、素材或其他辅助劳动的人不能成为合作作者。

需要注意的是，共同创作与共同执笔是不同的。未亲自执笔，但提出构思、情节等内容，并最终体现在作品当中的人，也是创作者。

6. 在上班时间编写的学习软件是 职务作品吗？

孙某是某游戏软件公司技术部的一名程序员，他在上班时间利用闲暇，为儿子编写了一套学习软件。公司领导得知后，说这套软件属于职务作品。公司领导的说法对吗？

🎓 专家解答

根据《著作权法》第十八条的规定，职务作品是自然人为完成法人或者非法人组织工作任务所创作的作品。要构成职务作品，必须符合两个条件：第一，创作作品的自然人必须是法人或者非法人组织的工作人员，与单位有实质意义上的劳动或雇佣关系，包括正式工作人员、临时工、实习生或试用人员。第二，作品必须是为了履行职务行为需要而创作，也即为了完成单位的工作任务而产生。工作任务是指工作人员在该单位中应当履行的职责。国家版权局在答复法院的咨询时曾指出，职务作品必须是履行单位工作任务的结果。所谓单位工作任务，指职工根据单位下达的书面或者口头指示创作与本单位工作业务范围有关的作品。也就是说，单位工作任务又可分为两部分：第一，创作的作品必须与单位的业务范围有关；第二，单位应当有明确的工作指示，至少有口头指示。

对于游戏软件公司技术部的程序员来说，其日常工作职责就是编写和维护游戏软件。孙某在上班时间利用闲暇为自己的孩子编写学习软件，与他应当履行的职责没有关系，即使他是在上班时间利用闲暇编写了用于孩子学习的软件，也利用了单位的物质技术条件，也不属于职务作品。

需要注意的是，职务作品又分为特殊职务作品和一般职务作品，两者的著作权归属和行使规则是不一样的。对于一般职务作品而言，著作权由作者享有，但法人或者非法人组织有权在其业务范围内优先使用。作品完成两年内，未经单位同意，作者不得许可第三人以与单位相同的使用方式使用该作品。对于特殊职务作品而言，作者享有署名权，著作权人的其他权利由法人或者非法人组织享有，法人或者非法人组织可以给予作者奖励。所以，在确定作品属于职务作品之后，还应明确其属于一般职务作品还是特殊职务作品，以免出现不必要的纠纷。

7. 教师教案的著作权由所在学校享有吗？

作为教师的独创性智力成果，教案无疑属于作品。有些学校认为，教师的教案属于职务作品，所以其著作权应归学校所有。这个观点正确吗？

🎓 专家解答

根据《著作权法》第十八条第二款的规定，**特殊职务作品的著作权由单位享有，作者只享有署名权**。特殊职务作品有以下三种情形：（一）主要是利用法人或者非法人组织的物质技术条件创作，并由法人或者非法人组织承担责任的工程设计图、产品设计图、地图、示意图、计算机软件等职务作品；（二）报社、期刊社、通讯社、广播电台、电视台的工作人员创作的职务作品；（三）法律、行政法规规定或者合同约定著作权由法人或者非法人组织享有的职务作品。

教案是教师为了完成单位的工作任务而创作完成的作品，属于职务作品。但教案到底是一般职务作品还是特殊职务作品，需要依次对照属于特殊职务作品的三种情形。创作教案时利用单位的空白教案本或者计算机等通信工具进行创作，能否被视为"主要是利用法人或者非法人组织的物质技术条件创作"，换句话说，是不是依靠自然人本人的力量不能完成教案，必须借助于单位专门提供的资金、设备和资料等。事实上，教案本、计算机是最普通不过且最基本的物质条件，无论哪家学校都可提供，而且与作品的创作没有直接关系，所以，教案不属于特殊职务作品的第一种情形。很明显，它也不属于特殊职务作品的第二种情形。我国法律、行政法规也没有对教师教案的著作权归属作出明确规定。那么，在没有合同约定的情况下，教案也不属于特殊职务作品的第三种情形。

所以，一般情况下，教师的教案属于一般职务作品，著作权由教师享有，但单位有权在业务范围内优先使用。需要注意的是，一般职务作品可以通过合同约定，成为特殊职务作品。另外，《计算机软件保护条例》中规定，员工在单位任职期间开发的三类软件的著作权归单位；《地方志工作条例》中规定，以县级以上行政区域名称冠名的地方志书、地方综合年鉴为特殊职务作品。

8. 能不能随意使用自己的婚纱艺术照？

郝娇淑和甄学文到一家摄影工作室拍摄了一套婚纱

艺术照，并展示在微信朋友圈中。一个开婚姻介绍所的朋友看到后，向郝娇淑提出要选几张婚纱艺术照，放在自己的网站上。不久，郝娇淑夫妇收到了摄影工作室发来的律师函，称其侵犯了自己的著作权。夫妇俩很困惑，自己的婚纱艺术照也不能随意使用吗？

🎓 **专家解答**

从法律上讲，我们去摄影工作室拍摄的艺术照包含两项权利：一项叫作肖像权，另一项叫作著作权。毫无疑问，肖像权归照片主人所有，但著作权并不归照片主人所有。根据《著作权法》的规定，摄影师拍摄的照片属于摄影作品，受著作权法保护。我们去摄影工作室拍摄照片，实际上是一种委托创作行为，即委托摄影师替我们拍摄照片，摄影师拍出来的照片属于委托作品。

根据《著作权法》第十九条的规定，受委托创作的作品，著作权的归属由委托人和受托人通过合同约定。如果委托人与受托人在合同中约定了归属，则遵从合同约定；如果未签订合同或者未约定归属，那著作权就归受托人。通俗点讲，我们去摄影工作室拍照，那我们就是委托人，工作室或摄影师就是受托人。如果我们在拍摄照片之前跟工作室签了合同，约定拍完之后照片的著作权归自己，那我们想怎么使用照片都没问题。如果我们没有签合同，或者说签了合同但没约定著作权归属的话，那么照片的著作权就归摄影工作室。

需要注意的是，《最高人民法院关于审理著作权民事纠纷案件适用法律若干问题的解释》第十二条规定，在委托作品著作权属于受托人的情形下，委托人在约定的使用范围内享有使用作品的权利，双方没有约定使用作品范围的，委托人可以在委托创作的特定目的范围内免费使用该作品。也就是说，照片的主人即便没有著作权，也可以在特定目的范围内免费使用自己的照片。新人把所拍的艺术照放在婚礼请柬上或酒席承办场所等，就属于特定目的范围内的使用，不需要经过著作权人许可。同样，把自己的婚纱艺术照发到微信朋友圈，也不需要经过著作权人许可。

9. 转载杂志上的文章，侵犯杂志社的著作权吗？

甲公司在其经营的网站上刊载了《青春》杂志的二十多篇文章且未署作者姓名，而上述文章曾刊载于《青春》杂志 2020 年第 5 期到 2021 年第 10 期上。甲公司是否侵犯了青春杂志社的著作权呢？

专家解答

在判断甲公司是否侵犯了青春杂志社的著作权之前，要先了解什么是汇编作品。根据《著作权法》第十五条的规定，汇编作品是指汇编若干作品、作品的片段或者不构成作品的数据或者其他材料，对其内容的选择或者编排体现独创性的作品，其著作权由汇编人享有。汇编作品分为两类，第一类是对若干作品或作品片段进行独创性的汇编而形成的作品，比如各类期刊、报纸和小说选集；第二类是对事实、数据等不构成作品的信息进行独创性的汇编而形成的作品。

　　青春杂志社出版的《青春》杂志刊登了各文章作者投寄的稿件，杂志社按照其独特的编辑方式，将不同作者的稿件汇编成各期杂志，形成的作品就是第一类汇编作品。青春杂志社仅对各期《青春》杂志所采用的独创性的编排形式享有汇编作品著作权，而对杂志刊载的文章并不享有著作权。甲公司在其网站上刊载了《青春》杂志的二十多篇文章，但并没有使用青春杂志社独创的汇编形式，因此没有侵犯其对《青春》杂志享有的汇编作品著作权，只是侵犯了这二十多篇文章作者对各自文章所享有的著作权。

　　需要注意的是，对第一类汇编作品而言，如果被汇编的作品仍在著作权保护期内，他人未经许可使用并将其作为一个整体的汇编作品，就会同时侵犯汇编作品的著作权和被汇编作品的著作权。比如，一家数字图书馆未经许可，将某出版社汇编的《电影剧本精选》在网上传播，则构成对出版社和其中相关剧本作者的信息网络传播权的侵犯。

10. 百科全书的编写者可能享有著作权法上的哪些权利?

百科全书是一种汇集哲学、社会科学、自然科学、工程技术等各种学科的知识，并进行系统、较完备的解释的大型工具书。其内容来源通常有三种：由出版社委托相关专业领域的专家编写大部分内容；由出版社内部员工编写部分内容；收录他人已完成的作品。就这三种内容来源来看，百科全书有三类编写者。那么，这三类编写者可能享有著作权法上的哪些权利?

专家解答

第一种情形，由出版社委托相关专业领域的专家编写大部分内容。对于受委托创作的编写者来说，其完成的作品属于委托作品。根据《著作权法》第十九条的规定，受委托创作的作品，著作权的归属由委托人和受托人通过合同约定。合同未作明确规定或者没有订立合同的，著作权属于受托人。因此编写者是否享有著作权，由两者签订的合同来规定。通常，出版社会在这类合同中规定著作权由委托人享有。需要注意的是，在著作权归受托人所有的情况下，根据相关司法解释，委托人依旧可以在约定范围内享有使用作品的权利；若没有约定使用作品的范围，则可以在委托创作的特定目的范围内免费使用该作品。

　　第二种情形，由出版社内部员工编写部分内容。对于出版社内部的编写者来说，其完成的作品属于职务作品，通常出版社会通过合同将其约定为特殊职务作品。根据《著作权法》第十八条的规定，对于特殊职务作品，作者享有署名权，著作权的其他权利由法人或者非法人组织享有，法人或者非法人组织可以给予作者奖励。

　　第三种情形，收录他人已完成的作品。对于被收录作品的编写者，则需要根据和出版社签订的合同来确认其著作权。如果编写者将其作品转让给出版社，那么就只能行使相关著作人身权。如果编写者将作品许可给出版社使用，若为独占许可和排他许可，则编写者只能在许可的范围外行使著作权；若为普通许可，则编写者依旧可以行使全部著作权。编写者可行使的具体权利可依据合同判断。

著作权限制篇：
权利是有限度的

　　我国制定《著作权法》，是为了保护作者的著作权，以及与著作权有关的权益，鼓励有益于社会主义精神文明、物质文明建设的作品的创作和传播，促进社会主义文化和科学事业的发展与繁荣。不过，与此同时，作者的权利也要受到一定的限制。合理使用、法定许可就属于对著作权的限制。那么，著作权限制的具体内容有哪些呢？本篇内容会给你一些答案。

1. 大学生为课堂学习之用而复制教材侵权吗？

由于嫌正版教材价格太贵，某大学某年级几个班的班委根据大多数同学的意见，联合起来到复印店复印了几百份教材，作为课堂学习之用。该教材著作权人发现了这一现象，起诉这些学生和复印店侵犯了自己的著作权。学生们感到不解：《著作权法》不是规定为了个人学习，可以合理使用他人作品吗？那么，大学生为课堂学习之用而复制教材侵权吗？

🎓 专家解答

未经许可复制他人作品，原则上构成侵权，但在符合合理使用的情况下，便属于合法行为，可以不经著作权人许可，也不用向其支付报酬。不过，合法使用还要附加一些条件，包括应当指明作者姓名或者名称、作品名称，不得影响该作品的正常使用，不得不合理地损害著作权人的合法权益。

合理使用制度的设置，在于平衡作者与作品传播者、社会公众之间的利益，促进科学文化事业的发展。大学生为了个人学习而复印教材，表面来看属于《著作权法》规定的合理使用的情形之一，即《著作权法》第二十四条第一款第一项规定的"为个人学习、研究或者欣赏，使用他人已经发表的作品"的情形。但是，如果大量复制，就另当别论。比如本例中，大学生们复印了几百份教材，其价值可能达上万元，就可能影响该教材的正常发行和销售，不合理地损害了该教材著作权人的合法权益，就超出了合理使用的界限。特别是一些有组织的复制行为，属严重侵权的，作者或出版社就有权对此类复制行为提出停止侵权、赔偿损失等民事诉讼请求。

需要注意的是，复印店不是为了学习、欣赏之用而复制教材，即使只复制一本，也不属于合理使用范畴，其行为已经构成对著作权的侵犯。

2. 电影海报使用他人美术作品，属于合理使用吗？

电影《80后的独立宣言》由浙江新影年代文化传播有限公司（以下简称"新影年代"）投资制作。该电影在宣传海报中，把卡通形象"葫芦娃""黑猫警长"分别置于男女主角两侧，与其他背景图案大小基本相同，但与男女主角形象相比，所占面积明显较小。那么，新影年代是否侵犯了"葫芦娃""黑猫警长"美术作品的著作权人上美影的著作权？

案例来源：（2014）普民三（知）初字第 258 号。

🎓 **专家解答**

根据《著作权法》第二十四条第一款第二项的规定，构成合理使用的情形包括适当引用，即为介绍、评论某一作品或者说明某一问题，在作品中适当引用他人已经发表的作品。

由此可知，判断对他人作品的使用是否属于适当引用，应当综合考虑被引用作品是否已经公开发表、引用他人作品的目的、被引用作品的内容和占整个作品的比例、是否会对原作品的正常使用或市场销售造成不良影响等要件。首先，在上美影诉新影年代案中，被告虽然在电影《80后的独立宣言》宣传海报上，使用了原告享有著作权的有"葫芦娃""黑猫警长"卡通形象的美术作品，但目的是说明某一问题，即涉案电影主角的年龄特征。其次，涉案宣传海报突出的是电影男女主角形象，而"葫芦娃""黑猫警长"这两个卡通形象与其他二十余个表明80后时代特征的元素均作为背景使用，占海报面积明显较小，且并未突出显示"葫芦娃""黑猫警长"卡通形象。最后，电影内容中并没有出现任何有关"葫芦娃""黑猫警长"的内容，宣传文案中也未涉及有关"葫芦娃""黑猫警长"的内容，不会吸引对这两个美术作品有特定需求的受众，更不会使其进而产生与这两个卡通形象相关联作品的联想，也就不会与上美影作品的正常使用产生冲突。也就是说，电影《80后的独立宣言》不会与上美影的作品在市场上形成竞争关系。因此，本案中原告的行为满足合理使用的全部要件，没有侵犯上美影的著作权。

需要注意的是，在判断是否为适当引用时，应特别注意对原作品的使用是否构成转换性使用，以及转换性使用的程度。所谓转换性使用，是指对原作品的使用并不是为了单纯地再现原作品本身的文字、艺术价值或者实现其内在功能或目的，而是通过增加新的美学内容、新的视角、新的理念或通过其他方式，使原作品在被使用过程中具有了新的价值、功能或性质，从而改变了其原先的功能或目的。

3. 图解电影是否构成合理使用？

某在线视频平台享有电视剧《三生三世十里桃花》的信息网络传播权。甲公司的图解电影 APP 和网站上提供有该剧第一集的剧集图片共三百多张，并在图片下方配以文字解说，对剧情进行描述。该在线视频平台以自己的信息网络传播权受到侵犯为由，将甲公司起诉至北京互联网法院。甲公司认为图解电影行为属于合理使用中的适当引用，并且对原作品有宣传效果，没有构成对该在线视频平台信息网络传播权的侵犯。

案例来源：（2020）京 73 民终 187 号。

🎓 专家解答

在认定使用他人作品的行为是否属于"为介绍、评论某一作品或者说明某一问题，在作品中适当引用他人已经发表的作品"时，应当从其使用作品的方式、是否影响了该作品的正常使用、是否不合理地损害了著作权人的合法权益三个角度综合考虑。

第一，是否适当引用他人已经发表的作品。影评类作品往往需要介绍影视剧作品本身，并再现影视剧作品部分画面，以进行有针对性的评述。在本案中，提供涉案图片集的目的并不是介绍或评论，而是通过三百多张图片集的连续放映，迎合用户在短时间内获悉剧情、主要画面内容的需求。上述使用并不是评论性引用。

第二，是否影响该作品的正常使用。本案中，涉案图片集分散地从整部作品中采集图片，并用文字对动态剧情进行描述，能够实质呈现整部剧集的具体表达，包括具体情节、主要画面、主要台词等，公众可通过浏览上述图片集，快捷地获悉涉案剧集的关键画面、主要情节。可以说，甲公司提供图片集的行为，对涉案剧集起到了实质性替代作用，影响了该电视剧的正常使用。

第三，是否不合理地损害著作权人的合法权益。由于涉案图片集替代效应的发生，本应由权利人享有的相应市场份额将被对图片集的访问行为占据，提供图片集的行为将对原作品市场价值造成实质性影响。本案中，甲公司认为其提供涉案图片集的行为对原作品具有宣传效果。但从市场角度来看，以宣传为目的与以替代为目的的提供行为存在显著差别。就涉案图片集提供的主要功能来看，其并不是向公众提供保留剧情悬念的推介、宣传信息，而是涵盖了涉案剧集的主要剧情和关键画面，在一般情况下，难以起到进一步激发观众观影兴趣的作用，不具备符合权利人利益需求的宣传效果，损害了权利人的合法权益。

综上，甲公司提供涉案图片集的行为已超过适当引用的必要限度，影响涉案剧集的正常使用，损害权利人的合法权益，不属于合理使用。

4. 视频平台在节目中朗读他人的书信作品，是否构成合理使用？

在某在线视频平台播出的《见字如面》某期节目中，表演嘉宾朗读了三毛父亲陈嗣庆写给三毛的书信《过去·现在·未来》。书信作者陈嗣庆的法定继承人陈氏三姐弟，以前述行为未经其许可，侵害了涉案书信的修改权、复制权、表演权、信息网络传播权为由，将涉案节目三个著作权人诉至北京互联网法院。三被告辩称，在涉案节目中朗读涉案书信，是为介绍、评论该书信及说明相关主题而适当引用，属于合理使用。那么，该行为属于合理使用吗？

案例来源：（2020）京 0491 民初 2880 号。

🎓 专家解答

判断以上行为是否属于合理使用，关键在于节目中的朗诵行为是否超出适当引用的必要限度。

从使用目的看，涉案节目分为书信朗读和书信点评两个环节。在朗读环节，邀请专业演员对书信内容进行声情并茂的朗读，具有较强的吸引力和感染力。观众对涉案节目的关注和讨论重点也都集中于书信朗读环节。因此，无论是从节目预先设置还是从实际效果看，书信朗读环节都是涉案节目的核心环节，而书信点评环节则相对处于次要位置。因而可以认定，涉案节目使用涉案书信的目的并不是单纯对涉案书信进行介绍、评论或者说明其他问题，而是通过朗读书信的方式展现书信的内容，以达到较好的节目效果并最终吸引观众，显然不满足适当引用的目的要件。从引用程度看，涉案书信共四千余字，涉案节目仅使用一千余字，无论是绝对数量还是相对占比，涉案节目使用涉案书信的程度均较高。涉案节目展示的涉案书信内容，基本涵盖涉案书信的大部分实质内容。综合引用程度和引用内容两方面因素，涉案节目使用的涉案书信已达到基本再现涉案书信内容的程度，因而不属于适当引用。

此外，涉案节目未经许可，通过朗读的方式再现了涉案书信的实质内容，必然会对三原告授权他人以类似方式使用涉案书信产生影响，会影响三原告获得经济利益，造成对著作权人合法权益的损害。因此，涉案节目中使用涉案书信的行为并不是出于介绍、评论或说明的目的，也超出了适当引用的必要限度，影响了涉案书信的正常使用，损害了著作权人合法权益，不属于合理使用。

5. 在影视剧中使用他人音乐作品作为背景音乐，属于合理使用吗？

中国音乐著作权协会（以下简称"音著协"）将电视剧《激情燃烧的岁月》（以下简称"《激》剧"）的制作方某影视公司以及出版发行方告上法庭，认为《激》剧未经音著协许可，私自使用了自己拥有著作权的歌曲《北风吹》《保卫黄河》《敖包相会》《洪湖水，浪打浪》和《学习雷锋好榜样》。《激》剧制作方某影视公司认为，《激》剧是以摄制电视的方式使用音乐作品的，只是借此烘托全剧气氛，并非用作主打和卖点，属于合理使用，因此不应构成侵权。对于在影视剧中使用他人音乐作品作为背景音乐是否属于合理使用，该如何判断呢？

案例来源：（2004）高民终字第 627 号。

🎓 专家解答

　　影视剧中为了叙事抒情、烘托背景或渲染气氛，不可避免地会使用一些音乐。使用他人音乐作品是否构成侵权，不能一概而论。结合近年来的一些司法判例来看，在影视剧中使用他人音乐作品作为背景音乐是否属于合理使用，关键要看在影视剧中是否实质性地使用了音乐作品。如果比较完整地使用他人音乐作品的一段歌词或乐曲，即使时间较短，但只要所使用的歌词已经完整地表现了作者希望表达出的思想内容，所使用的乐曲体现了作者在音乐作品中具有艺术个性的旋律、节奏、和声、复调安排和设计，而且被使用部分在整个作品中所占比例较大，就应属于实质性地使用了音乐作品，构成侵权；如果仅涉及作品的几个小节或几句歌词，未完整使用整段歌词或乐曲，就可以认定为合理使用。像后者这种情况，可以不经著作权人许可，不向其支付报酬，但应当指明作者姓名、作品名称。

　　具体到本案，《激》剧中使用的《北风吹》《敖包相会》《洪湖水，浪打浪》和《学习雷锋好榜样》四首背景音乐仅涉及作品的几个小节或几句歌词，被使用部分在整个歌曲中所占比例较小，未完整地使用整段歌词或乐曲，没有实质性地再现作品的完整表达方式、作者表达出的思想内容及作者在乐曲方面的独特构思，这种在背景音乐中不完全播放歌曲的使用，属于适当引用。这种使用未影响该作品的正常使用，也没有不合理地损害著作权人的合法权益，属于合理使用他人作品，不属于侵权，并可以不经著作权人许可，不向其支付报酬，但应当指明作者姓名、作品名称。

《激》剧将歌曲《保卫黄河》完整地演唱了两遍，属于实质性地使用了该作品，但某影视公司制片方在使用前，并未向该歌曲的著作权拥有方音著协提出申请并购买使用权，也没有在片中注明该歌曲出处，因此属于侵权行为。

综上，制片方在影视剧中使用他人音乐作品作为背景音乐时，应考量使用音乐的长度，并避免实质性地再现音乐作品，同时要尽可能缩短使用时间，避免其连贯再现，避免使用音乐作品高潮片段及表达作品思想内容的部分，以降低侵权风险。

6. 有公益性质的节目使用他人作品，构成合理使用吗？

某网络公司在《梦在中国》第四集《爱的力量》节目（时长为 44 分 59 秒）中引用了周某延时摄影作品《延时北京》中的部分内容（共计 5 秒的延时摄影画面），周某发现后起诉某网络公司侵犯其著作权。该网络公司辩称，在节目中使用已经发表的、约 5 秒长的《延时北京》摄影画面，是为了展现、介绍我国发展变化和开放包容精神主题，具有公益性质，应当属于合理使用中的适当引用。有公益性质的节目使用他人作品，构成合理使用吗？

案例来源：（2021）京 73 民终 595 号。

🎓 专家解答

《著作权法》中被引用较多的，就是合理使用中"为介绍、评论某一作品或者说明某一问题，在作品中适当引用他人已经发表的作品"的规定，这也是本案争议的焦点之一。从合理使用的法律规定来看，判断引用他人作品是否为合理使用，是否有公益性质不是关键因素。

首先，法条中并未出现"公益"一词。事实上，不仅是我国《著作权法》，在比较法中也鲜有国家将用于公益明文纳入合理使用范畴。其次，从该法条界定的行为模式来看，法条中所称"介绍、评论、说明"，均不是指对原作本身价值的利用。此处涉及的行为更多是诸如戏仿等转换性使用，强调将原作作为"工具（素材）"去评述另一事实，而不是将原作作为"作品"加入自己的创作物之中。最后，从该法条整体的价值取向上看，其重点为是否合理，而非是否营利。合理使用虽然允许对他人作品加以利用，但更强调利用本身的合理性、适当性，即侧重客观的使用方式、结果。无论出于公益目的还是出于商业目的，都可以合理引用他人已发表的作品。

本案中，就涉案节目播放画面而言，涉案延时摄影作品《延时北京》在5秒长的播放时间里占满整个屏幕，是画面的主要内容；就播放时间及形式而言，《延时北京》每个延时摄影画面均有停留，且均再现了《延时北京》的动态画面。因此，被告的行为不属于合理使用。

7. 何种情况下转发其他媒体的文章属于合理使用？

钟某和唐某合写了一篇文章《国产手机乱象》，首发于中国营销传播网，随后被甲公司在其网站上刊载。钟某和唐某认为甲公司侵犯了其著作权。甲公司认为，自己转载的是关于经济问题的时事性文章，构成合理使用。那么，何种情况下转发其他媒体的文章属于合理使用？

案例来源：（2007）皖民三终字第29号。

专家解答

根据《著作权法》第二十四条第一款第四项的规定，报纸、期刊、广播电台、电视台等媒体刊登或者播放其他报纸、期刊、广播电台、电视台等媒体已经发表的关于政治、经济、宗教问题的时事性文章的行为属于合理使用，但著作权人声明不许刊登、播放的除外。所以，判断甲公司的行为是否侵权，关键在于被转载的《国产手机乱象》一文是否属于关于经济问题的时事性文章。

首先，要构成时事性文章，应具备两个特征，即时效性和重大性。其次，从表达方式上来说，时事性文章主要指进行时事报道时进行描述、评论，其语言较为严谨、理性、客观。最后，从立法动因上来说，我国法律规定的政治、经济、宗教问题的时事性文章的合理使用，体现了平衡精神，即要将各种冲突因素置于相互协调的状态中，包括著作权人权利义务的平衡，创作者、传播者、使用者三者之间关系的平衡，公共利益与个人利益的平衡。因此，对时事性文章的解释既不能失之于宽，也不能失之于严。

《国产手机乱象》一文作者文笔飘逸，使用了大量修辞手法，融入许多主观色彩，虽可以被认定为是关于经济问题的文章，但不能被认定为是属于经济问题的时事性文章。只有当一篇文章涉及对当前政治、经济和宗教生活中重大问题的讨论，且具有很强的时效性（比如党政机关报刊中登载的政治、经济和宗教类社论文章）时，对它的转载和广播才可能被认定为合理使用。有鉴于此，甲公司未经著作权人许可而转载该文，不属于合理使用，已经构成侵权。

8. 对律师在法庭上发表的辩护词，如何使用属于合理使用？

　　律师张某接受委托，在一起刑事案件中担任辩护人。在对案情进行深入分析后，张某认为自己的委托人并没有构成犯罪。于是，他向人民法院递交了一份辩护词，分五个部分对委托人不构成犯罪进行了论述，并在法庭上宣读。张某惊讶地发现，在该起案件中为另一名共犯做辩护律师的钱某，也向同一人民法院提交了一份辩护意见，而这份辩护意见在表述上和自己的辩护词存在大量雷同之处。随后一些媒体未经张某允许，刊登了该辩护词。于是，张某起诉钱某和这些媒体侵犯其著作权。

　　🎓 **专家解答**

　　应当肯定的是，辩护词围绕辩护人所掌握的事实，结合其推断及对法律规定的理解，以辩护人自己的语言文字和行文逻辑，对自己的委托人不构成犯罪进行论述，突出了辩护方向和重点，体现了原告作为辩护人独立完成的创造性劳动，并能以有形形式复制，属于文字作品，应受著作权法保护。因此，律师钱某未经许可复制律师张某的辩护词，属于侵权。

　　与此同时，鉴于公开审判时，任何公民都可以凭身份证明进入法庭并旁听审判全过程，这种情况属于公开集会。律师张某在法庭上发表的辩护词，属于按照《著作权法》第二十四条第一款第五项规定的"报纸、期刊、广播电台、电视台等媒体刊登或者播放在公众集会上发表的讲话，但作者声明不许刊登、播放的除外"合理使用的情形。因此，这些媒体刊登张某辩护词的行为属于合理使用，除非张某事先声明不许刊载。

9. 高考试题中使用他人作品是否属于合理使用？

　　漫画《该醒醒了》的作者发现 A 市高考语文作文试题中（由 A 市考试中心组织出题）使用的漫画与自己创作的漫画《该醒醒了》非常相似，但 A 市考试中心从未通知自己，也没有给自己署名及支付报酬。他认为，A 市考试中心此举侵犯了自己的著作权，并向法院提起诉讼。A 市考试中心的以上行为是否属于合理使用？

　　案例来源：（2007）海民初字第 26273 号。

　　🎓 专家解答

　　根据《著作权法》第二十四条第一款第七项的规定，国家机关为执行公务在合理范围内使用已经发表的作品属于合理使用。以上案子涉及两个焦点：第一个是，A 市考试中心在高考语文作文试题中使用他人作品是否属于"国家机关为执行公务在合理范围内使用已经发表的作品"。需要注意的是，国家机关执行公务存在两种形式：一种是国家机关自行执行公务，另一种是国家机关授权获委托其他单位执行公务。A市考试中心虽然不属于国家机关，但它是A市教育部门根据《中华人民共和国教育法》（以下简称"《教育法》"）指定的执行高考试卷命题等公务的机关，其组织高考出题的行为属于后一种执行公务的情形，因此在组织高考试卷出题过程中，A市考试中心使用原告作品的行为，应属于国家机关为执行公务，在合理范围内使用已经发表的作品。第二个是，A市考试中心在高考语文作文试题中使用演绎作品时，未指明原作者姓名和作品名称，是否构成合理使用。需要注意的是，因为高考试卷有严格的保密性要求，这使事先获得相关作者的改编许可不具有可行性。为确保通过高考选拔出高素质人才的公共利益得以实现，高考出题者综合考虑高考试题的难度、篇幅和背景要求等特点，可对作品进行一定的改编，以适应出题角度和技巧的要求。因此，考试中心的行为并不构成对原告改编权的侵犯。同样，考试中心对涉案漫画不署名的做法有其合理性。因为在高考过程中，对考生而言，考试时间非常宝贵、紧张，如果为看图作文的漫画署名，就会给考生提供无用信息，造成不必要的时间浪费。出于这种考虑，出题者采取不署名的方式是适当的。因此，考试中心未在高考试题中为原告署名，不构成侵权。

尽管如此，还是建议 A 市考试中心在合理使用他人作品时，对著作权人给予必要的尊重，在相关考试结束后以发函或致电等形式，告知作者并表示感谢。

10. 图书馆为读者免费提供热播电影的网络点播服务，属于合理使用吗？

　　这几年，一些图书馆为了提升服务质量，开设了视听阅览室，购置了最新 DVD 电影置于本馆网络，向馆内读者免费提供热播电影的点播服务。那么，以上行为属于合理使用吗？

🎓 专家解答

　　我国《信息网络传播权保护条例》第七条规定，图书馆、档案馆、纪念馆、博物馆、美术馆等可以不经著作权人许可，通过信息网络向本馆舍内服务对象提供本馆收藏的合法出版的数字作品和依法为陈列或者保存版本的需要以数字化形式复制的作品，不向其支付报酬，但不得直接或者间接获得经济利益。当事人另有约定的除外。同时，《信息网络传播权保护条例》第十条还要求图书馆等采取技术措施，防止服务对象以外的其他人获得著作权人的作品，并防止服务对象的复制行为对著作权人的利益造成实质性损害。

以上合理使用规定，为图书馆等限定了通过网络提供数字化作品的场所、对象和方式。首先，图书馆等只能通过网络在馆舍内向读者提供数字化作品，而不能通过网络向馆舍外的读者提供。其次，图书馆等能够通过网络在馆舍内合法提供的作品被严格限定为两种情况：一种是图书馆等合法收藏时，以数字格式存在的作品；二是在馆藏作品已经损毁或者濒临损毁、丢失或者失窃，或者其存储格式已经过时，且在市场上无法购买或者只能以明显高于标定的价格购买时，图书馆等为了陈列或保存版本的需要而制作的数字化复制件。最后，图书馆等必须在通过网络向馆舍内读者提供数字化作品时，采用加密、身份验证等技术性措施，只允许读者在线阅读，而不能允许读者将数字化作品复制到自带的存储设备中，以防止该数字化作品被带到馆舍外后，被复制和传播，影响著作权人的利益。

需要注意的是，《信息网络传播权保护条例》第七条没有对图书馆等通过网络向馆舍内读者提供作品的类型进行限定。因此，从字面上看，图书馆等可以将合法购入的最新 DVD 电影置于本馆的网络之中供馆舍内的读者免费点击欣赏。但是，这种行为可能会影响视听作品著作权人对视听作品的正常使用，并且会严重损害视听作品著作权人的利益，难以构成符合"三步检验标准"的合理使用。

11. 在餐厅等营业场所免费弹奏他人钢琴曲，需要著作权人许可吗？

为了积累实习经验，某音乐学院学生吴佳到朋友开的餐厅定期进行义务演出，自己选择歌曲或经客人点播，弹奏他人受著作权法保护的钢琴曲。餐厅老板很乐意以此方式招揽顾客，前来就餐的客人也没有因欣赏音乐而支付额外费用。那么，在餐厅等营业类场所弹奏他人钢琴曲，是否属于免费表演的合理使用？需要著作权人许可吗？

🎓 专家解答

《著作权法》第二十四条第一款第九项规定了免费表演的合理使用，即免费表演已经发表的作品，该表演未向公众收取费用，也未向表演者支付报酬，且不以营利为目的。这里的费用和报酬包括以任何名义收取或支付的，与欣赏或表演作品有关的直接或间接的费用和报酬，如向表演者支付的车马费、出场费或实物对价，以及向观众收取的餐饮费、场地费、会员费等。

如果一家餐厅有偿聘用一名歌手弹唱享有著作权的歌曲，因不属于免费表演，就应当获得著作权人的许可并支付报酬。如果餐厅并未向歌手支付任何费用，也没有向就餐者直接收取餐费之外的额外费用，这样的表演是否属于免费表演呢？当然不属于免费表演。原因在于在营利性场所进行的这种表演是招揽顾客的手段，而且顾客所支付的餐费或服务费中已经隐含欣赏音乐的费用。假设有两家餐厅菜品质量和就餐环境等条件都差不多，一家餐厅中有音乐表演，而另一家没有，则多数顾客会倾向于去有音乐表演的那家餐厅就餐。因此，允许营利性场所免费利用作品增加营业收入，对著作权人而言是不公平的，不应认定该表演行为属于免费表演，需要获得著作权人的许可。

需要注意的是，慈善义演也不属于免费表演的合理使用，因为慈善义演虽然不向演员支付报酬，但会向公众收取费用，即筹集善款，不属于双向免费情形。

12. 地标性雕塑作品图片可以被用于产品包装吗？

雕塑家杨某受孝感市政府委托，以董永与七仙女的爱情神话传说为背景，创作了《董永与七仙女》双人雕塑。作为孝感市的标志性建筑，该雕塑被竖立在孝感市董永公园孝子祠内。后来，杨某发现孝感市多家麻糖生产企业未经许可，将该雕塑作品拍摄成照片，制作成麻糖食品的包装图案，经过多家商场销往全国。这些麻糖生产企业使用杨某的《董永与七仙女》雕塑作品图片，属于合理使用吗？

案例来源：（2006）武知初字第 120 号。

🎓 **专家解答**

《著作权法》第二十四条第一款第十项规定了对公共场所艺术品复制的合理使用，即对设置或者陈列在公共场所的艺术作品进行临摹、绘画、摄影、录像，属于合理使用。杨某的雕塑作品是设置在公共场所的艺术作品，属于此种权利限制的情形。著作权是作者的一项私权，当权利人的权利与社会公众利益相冲突的时候，需要法律平衡二者的利益关系，对私权进行一定的限制。孝感市董永公园是供人们游玩休息的地方，属于公共场所。杨某的雕塑作品设置在董永公园孝子祠内，融入周围的环境之中，成为公园景观的一部分，同样可以供游人随意观赏，拍照留影；同时作为艺术作品，它本身就具有长期的公益性质。既然设置在公共场所，难免有人进行临摹、绘画或摄影、录像，如果要求使用者都征得著作权人许可并支付报酬，是不可能的。《著作权法》的这一规定，界定了对设置或陈列在公共场所的艺术作品合理使用的方式。

麻糖生产企业在经营活动中使用了复制其雕塑作品的图片，是否构成侵权呢？以上问题涉及著作权合理使用制度中，以营利为目的使用作品是否属于合理使用的范围。最高人民法院《关于审理著作权民事纠纷案件适用法律若干问题的解释》第十八条规定，室外公共场所的艺术作品，是指设置或者陈列在室外社会公共活动处所的雕塑、绘画、书法等艺术作品。对前款规定艺术作品的临摹、绘画、摄影、录像人，可以对其成果以合理的方式和范围再行使用，不构成侵权。那么，这里说的"合理的方式和范围"，是否包括有经营性目的的使用呢？最高人民法院（2004）民三他字第 5 号的请示答复函对制定上述司法解释的本意作了肯定答复，"合理的方式和范围"包括以营利为目的的"再行使用"。

孝感麻糖是湖北有名的特色小吃。麻糖生产者在产品包装上使用了反映董永与七仙女神话故事的雕塑图片，是为了向消费者传递该麻糖生产于孝感这一信息，也起到了美化包装的作用。但是，麻糖生产者和销售者所生产、销售的是麻糖食品，消费者购买的也是麻糖食品，并非包装，更不是印刷在包装上的图片。经营利益只能产生于产品本身。麻糖生产者和销售者在麻糖产品包装上使用杨某的雕塑作品图片，并不影响原告杨某对该作品的正常使用，也不存在不合理地损害原告杨林著作权项下的合法利益问题，他们的生产、销售行为，属于对杨某创作的公共场所雕塑作品的拍摄成果以合理的方式和范围再行使用，不构成侵犯杨某《董永与七仙女》雕塑作品的著作权。

当然，《著作权法》规定在对作品合理使用时，应指明作者姓名和作品名称。但原告杨某的雕塑作品本身并没有注明作者姓名和作品出处，拍摄出来的图片也不可能反映这些信息。而受包装设计条件和包装内容的限制，麻糖包装上也无法注明雕塑作品的作者姓名和作品名称。《著作权法实施条例》第十九条规定，使用他人作品的，应当指明作者姓名、作品名称；但是，当事人另有约定或者由于作品使用方式的特性无法指明的除外。本案中各被告对作品的使用方式应当属于法律规定的除外情形，符合《著作权法》中关于合理使用的规定。

13. 杂志摘编著作中的篇章，属于法定许可情形吗？

甄学文最近创作了《我的青春》，经金华出版社出版发行且正在畅销。某日，甄学文发现自己著作中的一篇被刊登在《生活》杂志上。甄学文认为，生活杂志社侵犯了自己的著作权。该杂志社却称，甄学文主张权利的作品是已经公开出版发行的作品，且并未声明不得转载、摘编，因此，杂志社的做法属于《著作权法》规定的报刊转载法定许可情形。报刊转载法定许可适用于杂志摘编著作中的篇章情形吗？

🎓 专家解答

根据《著作权法》第三十五条的规定，作品刊登后，除著作权人声明不得转载、摘编的外，其他报刊可以转载或者作为文摘、资料刊登，但应当按照规定向著作权人支付报酬。其中，转载是指原封不动或者略有改动之后刊登已经在其他报刊发表的作品，摘编则是指对原文主要内容进行摘录、缩写。该条法定许可是对文字作品复制权的限制，意在使著作权人在获得合理报酬的情况下，为通过报刊转载，促进优秀作品的传播提供便利。

需要注意的是，这条法定许可只适用于报刊之间的相互转载，并不适用于图书之间，以及图书与报刊之间的相互转载，也不适用于网络媒体之间的相互转载。

基于以上规定，《我的青春》是甄学文创作并经金华出版社出版发行的著作，显然不属于著作权人向报社、期刊社投稿的作品。因此，不论甄学文是否在其作品上声明不得转载、摘编，生活杂志社均无权将该作品中的篇章予以转载或者作为文摘、资料刊登。

14. 出版翻唱《传奇》的 CD 专辑算不算侵权？

歌曲《传奇》由李健作曲、刘兵填词，于 2008 年被合法录制为录音制品，并收录在李健演唱的音乐专辑《似水流年》中出版，该专辑盘封上显示有"版权所有　翻录必究"字样。后词、曲作者将著作权独家授权给某文化公司。新二十一公司制作了《十二种毛宁》CD（光盘）专辑，其中收录了由毛宁演唱的《传奇》，并向负有法定许可使用费收转职能的音著协交付了使用费，后交由中国唱片总公司（以下简称"中唱公司"）出版。随后，该文化公司起诉中唱公司侵犯其著作权。那么，中唱公司的行为是否侵权？

案例来源：（2013）朝民初字第 32575 号。

🎓 专家解答

根据《著作权法》第四十二条的规定，录音制作者使用他人已经合法录制为录音制品的音乐作品制作录音制品，可以不经著作权人许可，但应当按照规定支付报酬；著作权人声明不许使用的不得使用。由上述规定可以看出，使用他人音乐作品制作录音制品可不经著作权人许可的，应符合以下条件：一是该音乐作品已由他人在先合法录制为录音制品；二是该音乐作品的著作权人未作出不得使用的声明；三是使用者应按照规定支付报酬。其中，关于不得使用音乐作品的声明，应当由著作权人在发表作品的同时，以使公众知晓的方式明确作出。关于报酬的支付，根据《著作权法实施条例》第三十二条及《著作权集体管理条例》第四十七条第一款的规定，使用者应当自使用他人作品之日起 2 个月内向著作权人支付报酬；未能向权利人支付使用费的，应当将使用费及使用作品的有关情况送交管理相关权利的著作权集体管理组织，由该著作权集体管理组织将使用费转付给权利人。制作录音制品法定许可的报酬，应由音著协向音乐作品权利人转付。

就本案而言，首先，该文化公司主张权利的歌曲《传奇》在涉案专辑《十二种毛宁》制作前，已经由刘兵、李健授权他人在先合法录制、出版。其次，刘兵、李健作为歌曲《传奇》的词、曲著作权人，并未在该歌曲发表时作出不得使用的声明，虽然该文化公司提交的《似水流年》专辑上显示有"版权所有　翻录必究"字样，但从上述内容的文义来看，应理解为禁止他人擅自翻录录音制品的声明，而不能视为词、曲作者刘兵、李健作出的不得使用歌曲《传奇》词曲的声明。涉案专辑《十二种毛宁》的录音制作者虽然未就使用涉案歌曲直接向刘兵、李健支付使用费，但在该专辑出版前向负有法定许可使用费收转职能的音著协交付了使用费，也符合相关规定。

综上，涉案专辑《十二种毛宁》对歌曲《传奇》的使用符合《著作权法》规定的可以不经著作权人许可的情形，中唱公司的出版行为不构成侵权。

15. 播放作品法定许可的情形有哪些？

小作家张欢喜欢在睡前通过广播电台听朗诵类节目。

一天，她听到一篇优美的散文，感到非常熟悉，仔细一听，发现这篇散文是自己在杂志上公开发表过的，张欢就把这件事告诉了爸爸妈妈。一家人都很不理解，广播电台能未经许可就播放张欢的文章吗？难道广播电台不应该支付报酬吗？

🎓 **专家解答**

根据《著作权法》第四十六条的规定，广播电台、电视台播放他人已发表的作品，可以不经著作权人许可，但应当按照规定支付报酬。播放作品法定许可是对广播权的限制，适用于已发表的作品。从立法政策上看，这种法定许可是为了在不影响作者发表权和经济利益的情况下，通过广播，促进作品在更大范围内传播，从而使大众受益。但考虑到公私利益平衡，为鼓励个人创作出更好的作品，广播电台、电视台虽可以未经许可使用他人作品，但应当向著作权人支付相应报酬。所以，广播电台可以不经张欢许可，播放她的文字作品，但应该向她支付相应报酬。

需要注意的是，播放作品法定许可不适用于电视台播放视听作品、已录制于录像制品中的作品。《著作权法》第四十八条明确规定，电视台播放他人的视听作品、录像制品，应当取得视听作品著作权人或者录像制作者许可，并支付报酬；播放他人的录像制品，还应当取得著作权人许可，并支付报酬。

基于《著作权法》关于播放作品法定许可和播放作品法定许可例外情形的规定，如果一位作家已发表了他创作的 10 篇散文，电视台可以不经这位作家的许可，让播音员朗诵这些散文并播出。但是，如果播音员朗诵的这 10 篇散文被一家音像公司制成了 VCD（录像制品）发行，那么，购买了这张 VCD 的电视台就不能未经这位作家许可而播出该 VCD。

16. 编写出版教科书的法定许可适用于哪些教材？

摄影记者王某拍摄了一幅题名为《闹新春》的作品，并发表在《民俗》杂志上。后来，花儿美术出版社出版发行了一本《风土人情》教材，其中未经许可使用了王某的这幅摄影作品，并且没有指明作者身份。王某于是起诉花儿美术出版社侵犯自己的著作权。花儿美术出版社辩称，《风土人情》教材是根据《九年制义务教育全日制小学美术教学大纲（试用）》的有关要求编写的，属于为了实施九年制义务教育和国家教育规划而出版的教科书，故其使用《闹新春》摄影作品可以不经著作权人许可。那么，《风土人情》教材使用《闹新春》摄影作品的行为，是否适用编写出版教科书法定许可的范围？

🎓 专家解答

根据《著作权法》第二十五条的规定，为实施义务教育和国家教育规划而编写出版教科书，可以不经著作权人许可，在教科书中汇编已经发表的作品片段或者短小的文字作品、音乐作品或者单幅的美术作品、摄影作品、图形作品，但应当按照规定向著作权人支付报酬，指明作者姓名或者名称、作品名称，并且不得侵犯著作权人依照本法享有的其他权利。

以上规定旨在平衡著作权保护与公共利益需要。需要注意的是，该项规定仅是对著作权的一种适度限制，适用该规定的教科书并不泛指中小学使用的所有教材。根据《教育法》的规定，义务教育的教学制度、教学内容、课程设置和教科书审定，应当由国务院教育主管部门确定。国家教育委员会在《全国中小学教材审定委员会章程》中规定，教科书的编写必须经中央或省级教育行政部门批准，经学科审查委员会通过，并报送审定委员会批准后，由国家教育委员会列入全国普通中小学教学用书目录。因此，《著作权法》第二十五条第一款规定的教科书，应当界定为经省级以上教育行政部门批准编写、经国家专门设立的学科审查委员会通过，并报送审定委员会批准后，由国家教育委员会列入全国普通中小学教学用书目录的中小学课堂正式用书。

所以，判断《风土人情》教材使用《闹新春》摄影作品的行为是否属于法定许可情形，关键在于认定其是否属于为实施义务教育而编写出版的教科书，也就是说，该教材是否经当地省教育厅批准，是否经当地省级中小学教材审定委员会审查，是否由国家教育委员会列入全国普通中小学教学用书目录。如果不符合以上情形，则该教材不属于《著作权法》第二十五条规定的教科书，则花儿美术出版社使用原告王某的摄影作品《闹新春》属于法定许可使用的答辩理由就不成立。

著作权利用篇：
转让和许可自循章法

　　使用他人作品，要尊重他人的著作权。由于著作权具有特殊性，其利用模式、利用规则和对汽车、房屋等有形财产的利用制度相比有明显区别。在社会生活和生产经营中，研究著作权利用制度很有必要，这样可以避免在使用他人作品过程中，因侵害著作权而引发纠纷。著作权利用的规则到底有哪些？一起来了解一下吧！

1. 教师许可他人使用教案，需要学校同意吗？

　　郝老师在飞扬中学任教期间，为了优化授课效果，精心撰写了一本教案，该教案被学校作为授课指导用书使用。半年后，星彩中学领导找到郝老师，希望把该教案用作星彩中学的授课指导用书，郝老师没有征求飞扬中学的意见，欣然应允。郝老师的做法妥当吗？

　🎓 专家解答

　　《著作权法》第十八条规定，自然人为完成法人或者非法人组织工作任务所创作的作品是职务作品。这本教案确实凝结了郝老师的大量心血和创造性劳动，但不可否认的是，这本教案也是郝老师为了完成飞扬中学交付的授课任务而撰写的，因此，该教案属于职务作品。针对职务作品，《著作权法》对法人或者非法人组织的利益给予相应程度的保护：对于特殊职务作品而言，法人或者非法人组织享有著作权中除署名权以外的其他权利；对于其他职务作品，虽然著作权由作者享有，但法人或者非法人组织有权在其业务范围内优先使用，而且在作品完成两年内，未经单位同意，作者不得许可第三人以与单位使用的相同方式使用该作品。

　　结合本例，由于郝老师撰写的教案不属于《著作权法》第十八条第二款规定的特殊职务作品，所以教案的著作权归郝老师所有，同时飞扬中学有权把教案作为授课指导用书在校内使用。如果郝老师想把教案许可给其他中学用作授课指导用书，就需要在教案完成的两年内，征得飞扬中学的同意。

需要注意的是，根据《著作权法实施条例》第十二条的规定，职务作品完成两年内，经单位同意，作者许可第三人以与单位使用的相同方式使用作品所获报酬，由作者与单位按约定的比例分配。作品完成两年的期限，自作者向单位交付作品之日起计算。

（赵磊）

2. 网吧在局域网提供电影点播服务需要许可吗？

网吧搭建局域网，未经权利人许可在服务器上提供电影，使网吧内的顾客可以在电脑上点播，这种做法涉嫌侵犯权利人的信息网络传播权吗？

案例来源：（2014）粤高法民三终字第 133 号。

📖 专家解答

《著作权法》第十条第十二款规定，信息网络传播权，即以有线或者无线方式向公众提供，使公众可以在其选定的时间和地点获得作品的权利。

本例中，网吧搭建的是局域网，顾客只能在网吧内部点播电影，而不能自由选定地点，在这种情况下，网吧侵犯权利人的信息网络传播权了吗？答案是肯定的。"使公众可以在其选定的时间和地点获得作品"，实际上描述的是网络的交互式传播特征，其本意不在于"使公众能够在任一时刻和任一地点获得作品"。事实上，即使受到时间和地域范围限制，但只要公众可以自行选择时间和地点获得作品，就符合交互式传播的特征。虽然顾客只能在网吧内部观看电影，但网吧未经权利人许可提供电影点播的行为，仍然侵犯了权利人的信息网络传播权。

需要注意的是，根据《信息网络传播权保护条例》第七条的规定，图书馆、档案馆、纪念馆、博物馆、美术馆等可以不经著作权人许可，通过信息网络向本馆馆舍内服务对象提供本馆收藏的合法出版的数字作品和依法为陈列或者保存版本的需要以数字化形式复制的作品，不向其支付报酬，但不得直接或者间接获得经济利益。当事人另有约定的除外。这是因为，这些场馆收藏的作品可能存在磨损、毁损、灭失等情况，为了使这些场馆更好地发挥保存资料和提供信息的功能，有必要在提供数字作品方面为这些场馆给予一定便利。当然，法律要在著作权人利益与公共利益之间进行平衡，因此，"为陈列或者保存版本的需要以数字化形式复制的作品"，被严格限制为"已经损毁或者濒临损毁、丢失或者失窃，或者其存储格式已经过时，并且在市场上无法购买或者只能以明显高于标定的价格购买的作品"。

（赵磊）

3. 原小说著作权中的财产权转让后，作者出版新小说还能用原小说中的角色名字吗？

韩女士创作了一本主角分别叫"包黑子""束竹公子"和"御猫"的探案小说——《东京奇案》，后来她与出版商玄天公司签订了出版合同，其中约定：韩女士同意将《东京奇案》著作权中的财产权全部转让给玄天公司。一年后，韩女士又创作了一部全新的探案小说《沙海寻踪》，主角还是"包黑子""束竹公子"和"御猫"，由顶峰公司负责出版事宜。《沙海寻踪》出版后，玄天公司将韩女士起诉至法院，理由是《沙海寻踪》主角的名字与《东京奇案》的相同，而《东京奇案》的著作权属于玄天公司，韩女士这种做法侵犯了玄天公司的著作权。那么，玄天公司有权阻止韩女士在《沙海寻踪》中继续使用《东京奇案》中的角色名字吗？

案例来源：（2015）浦民三（知）初字第 838 号。

📖 专家解答

玄天公司不能阻止韩女士在《沙海寻踪》中继续使用《东京奇案》中的主角名字，除非双方在合同中有明文约定。虽然韩女士把《东京奇案》著作权中的财产权全部转让给了玄天公司，但是除非出版合同中有明文约定，否则玄天公司不能阻止韩女士在一个全新的故事里继续使用原故事中主角的名字。

这是因为，文字作品中的名字，一般情况下字数很少，这些字数形成的篇幅，难以充分体现出独创性，因此无法获得著作权法的保护。只要《沙海寻踪》有自己独立的情节和表达，与《东京奇案》在情节和表达上不相同或不相似，就不会侵犯《东京奇案》的著作权。

需要注意的是，短标题（比如期刊名称、小说名称、歌曲名称等）过于简短，一般而言达不到具独创性这一最低限度，因此不属于著作权法保护的作品。

（陈涵）

4. 为动画片设计角色形象，能单独行使著作权吗？

麦女士为动画电影《别拿豆包不当干粮》设计了一个角色形象——小狗"豆包"。电影上映后好评如潮。

可麦女士无意间发现，网上有一些商家在售卖豆包形象的钥匙链，且销量可观，但这些商家并没有获得麦女士许可。这些商家售卖豆包形象的钥匙链，需要获得麦女士许可吗？

案例来源：（2020）浙 07 民终 3620 号。

🎓 专家解答

这些商家需要获得麦女士许可，因为麦女士单独享有对豆包形象的著作权。创作一部电影作品，往往需要导演、编剧、摄影师、剪辑师、作词者、作曲者等等诸多人员的创造性劳动，因此电影作品在本质上属于合作作品。根据《著作权法》第十四条的规定，两人以上合作创作的作品，著作权由合作作者共同享有。然而，假如法律规定参与电影创作的所有人共同享有电影作品著作权的话，势必会带来诸多纷争，不利于电影作品的有效利用。因此，著作权法采取了英美法系的做法，将电影作品的著作权整体赋予了制作者。

本例中，电影公司作为制作者，对电影《别拿豆包不当干粮》享有著作权，但是这并不意味着麦女士无权干预商家销售豆包形象钥匙链的行为。因为根据《著作权法》第十七条第三款的规定，视听作品中的剧本、音乐等可以单独使用的作品的作者有权单独行使其著作权。豆包形象作为美术作品，是可以单独使用的。麦女士虽然不是电影《别拿豆包不当干粮》的著作权人，却是美术作品豆包的著作权人，有权单独行使其美术作品的著作权。本案中，商家销售豆包形象的钥匙链，并不是对电影《别拿豆包不当干粮》的复制发行行为，而是对豆包这一美术作品的复制发行行为，因此需要获得麦女士许可。

需要注意的是，如果把电影作品作为一个整体使用，则只能由电影作品的制作者（比如电影公司）行使著作权，其他参与创作电影的人是无法行使著作权的。虽然电影作品的著作权由制作者享有，但编剧、导演、摄影、作词、作曲等作者享有署名权，并有权按照与制作者签订的合同获得报酬。

（陈涵）

5. 出版社获得以图书形式出版作品的权利，在网上刊载该作品是否需要作者许可？

出版社与刘先生就小说《二子乘舟》签订出版合同，约定刘先生授予出版社专有出版权，出版社有权以图书形式出版和发行《二子乘舟》。同时，出版社认为网络连载也是发行方式之一，于是在其网站上连载了《二子乘舟》。出版社在网站中连载《二子乘舟》的行为，是否侵害了刘先生的著作权？

📖 专家解答

《著作权法》第十条规定了包括兜底权利在内的 17 项著作权内容，以并列举例的方式，将信息网络传播权与复制权、发行权规定为著作权的独立权能，显然，这三种权利之间不存在互相包含与替换的关系。

本例中，根据出版合同的约定，出版社可以行使以图书形式出版、发行作品的权利，但出版合同中并未约定出版社可以行使该作品的信息网络传播权。《著作权法》第二十九条规定，许可使用合同和转让合同中著作权人未明确许可、转让的权利，未经著作权人同意，另一方当事人不得行使。如前所述，复制权、发行权并不包含信息网络传播权。由于出版社未与刘先生明确约定能以信息网络传播的方式传播《二子乘舟》，因此出版社进行网络连载须经过刘先生许可，否则就涉嫌侵害刘先生的著作权。

需要注意的是，著作权许可、转让合同一定要约定明确，而判断许可和转让是否明确，需要考虑词句文义、公知常识、交易习惯等诸多因素。在一则真实案例中，某网络小说的作者与影视公司签署《著作权许可使用合同》，约定"作者把小说的电影改编权和摄制权许可给影视公司"，后影视公司把小说改编并摄制为网络电影。作者认为网络电影不同于院线电影，于是以自身著作权遭到侵犯为由起诉了影视公司。法院认为，该小说是通过网络发表的，作者应当知道网络电影的存在或者可预见到其出现。如果作者把涉案小说改编、摄制成院线电影并传播的权利转让或许可给他人，但同时保留网络电影等新类型电影的相关著作权，则应在合同中通过各种方式予以明确。由于作者没有明确约定其保留网络电影的著作权，法院认为侵权不成立。

（陈涵）

6. 拍卖已逝名人手稿，需要经过其继承人许可吗？

茅盾先生于 1958 年使用毛笔创作了《谈最近的短篇小说》评论文章，该手稿几经流转，最终由徐州民间收藏家张某持有。张某委托拍卖公司拍卖自己收藏的《谈最近的短篇小说》手稿，并在网站上展示了手稿。该行为是否需要经过茅盾先生继承人的许可？

案例来源：（2017）苏 01 民终 8048 号。

💼 专家解答

《著作权法实施条例》第四条规定，美术作品，是指绘画、书法、雕塑等以线条、色彩或者其他方式构成的有审美意义的平面或者立体的造型艺术作品。茅盾的手稿是以毛笔手法创作，整篇字体清瘦挺拔，形成了自有风格，具有视觉上的审美意义，符合相关法律法规规定的美术作品的特征，应受到著作权法的保护。《著作权法》第二十条规定，作品原件所有权的转移，不改变作品著作权的归属。《著作权法》第二十一条规定，著作权属于自然人的，自然人死亡后，其著作权相关权利在保护期内，依法转移。

本案中，《谈最近的短篇小说》手稿由茅盾先生创作，他逝世后，他的继承人有权在该手稿的保护期内，对该手稿的使用行为主张相关权利。张某拍卖该手稿是自己行使物权的一种途径，但行使物权要以不侵害著作权人的权益为前提。张某在公司网站上展示该手稿，使得公众可以查阅该作品，也导致了作为美术作品的手稿的发表权被用尽，还损害了该美术作品著作权人的复制权和信息网络传播权。张某应承担相应的侵权责任，包括停止侵害、消除影响、赔礼道歉、赔偿损失等民事责任。

需要注意的是，如果同一作品既涉及物权又涉及著作权，则这两个权利并无高低大小之分：著作权人不得限制《谈最近的短篇小说》手稿的所有权人行使自身物权；《谈最近的短篇小说》手稿的所有权人行使自身物权时，也不得侵害该手稿的著作权。

（田小伍）

7. 出售微信账号是否侵害腾讯公司的著作权?

"奥特曼"通过注册申请、收购他人的转让等方式得到一些微信账号,并在网上销售。"奥特曼"出售微信账号的行为是否侵害腾讯公司的著作权?

🎓 专家解答

《计算机软件保护条例》第五条规定,中国公民、法人或者其他组织对其所开发的软件,不论是否发表,依照本条例享有著作权。《计算机软件保护条例》第二十四条规定,未经软件著作权人许可,转让或者许可他人行使著作权人的软件著作权的行为,属于侵害计算机软件著作权的行为。作为一款即时通信软件,微信是由腾讯公司开发完成的,依据《计算机软件保护条例》第五条的规定,腾讯公司为微信软件的著作权人。微信账号是运行腾讯公司的微信软件所产生的字符数字,通过微信聊天、传输文件等,是腾讯公司微信软件的运行效果。离开微信软件,这些微信字符数字就无法实现即时通信功能。《著作权法》第二十六条、第二十七条规定,使用他人作品以及转让著作权财产权应当同著作权人订立合同。对微信程序的使用需要经过著作权人腾讯公司的许可,腾讯公司免费给申请人分配微信账号,并不代表腾讯公司授权申请人可以进一步转让微信账号。

本例中，"奥特曼"未经腾讯公司许可，在网上售卖微信账号的行为，属于许可他人行使腾讯公司微信软件的行为，该行为侵害了腾讯公司的微信软件著作权，依法应停止侵权，承担相应的法律责任。

需要注意的是，微信程序可以免费下载安装到手机或者 PC 端，也可以免费申请获得微信账号，如果申请人认为给自己的微信账号设置密码后，这个账号就属于申请人的私有财产，可以按照自己的意志处置微信账号，那么这是对著作权法的误解。微信账号属于微信程序的一部分，申请人在使用微信账号时，不能侵害著作权人腾讯公司的著作权。

（田小伍）

8. 对合法购买的美术作品，可以复制再展览吗？

一家饭店委托一名画家有偿创作了一幅年画《年年有鱼》，并悬挂在饭店进行展览。五年后，由于该年画破损，饭店以 1∶1 的比例把这幅年画复制为铜版的，依然悬挂于饭店内。饭店的行为是否符合著作权法关于使用他人作品的法律规定？

案例来源：（2016）津 01 民终 6756 号。

🎓 专家解答

《著作权法》第十条规定，展览权是公开陈列美术作品、摄影作品的原件或者复制件的权利。年画属于著作权法规定的美术作品，其著作权人享有该年画作品的展览权。《著作权法》第二十条规定，作品原件所有权的转移，不改变作品著作权的归属，但美术、摄影作品原件的展览权由原件所有人享有。这个法条的前半句表明，即便通过赠与、买卖等方式取得了美术作品原件的所有权，美术作品的著作权也没有转移；后半句表明，美术作品原件的展览权由原件所有人享有。饭店委托画家创作年画，画家接受委托进行创作并交付年画的行为，使饭店获得了年画原件的所有权。依据《著作权法》第二十条的规定，饭店同时取得了该年画原件的展览权。问题的关键在于，饭店是否取得了该年画复制品的展览权？

《著作权法》第二十条是关于行使美术作品展览权规则的内容，该条款仅规定了美术作品原件所有人享有该原件的展览权，但没有规定美术作品原件所有人是否取得了复制件的展览权。根据《著作权法》第十条、第二十条进行逻辑推理，美术作品原件的所有人要行使美术作品复制件的展览权，须经过该作品著作权人的许可，否则就侵害了该美术作品的著作权。

需要注意的是，美术作品的原件只有一件，作品的复制件可以有多件，对美术作品的使用需要区分作品原件的展览权以及作品复制件的展览权，不能将两者混为一谈。

（贺保平）

9. 作者署名权可以转让或许可他人使用吗？

某出版社购买了一张摄影照片，并与拍摄者约定，该照片的著作权由出版社买断。后该出版社将照片用在其公众号文章里，署名为出版社摄影师的名字。该出版社的行为是否符合《著作权法》关于使用他人作品的法律规定？

专家解答

《著作权法》第十条规定，著作权包括下列人身权和财产权……（二）署名权，即表明作者身份，在作品上署名的权利。依据该条款的规定，署名权属于著作人身权，由作者享有，不得转让。著作权具有无形性特征，其权利内容包括人身权与财产权，这使著作权的属性区别于房产、汽车等财产的物权属性，也是《著作权法》单独立法的原因之一。署名权是著作权人身权中的一项重要内容，与作者人格利益密切相关，具有很强的人身属性。如同人的性命、身体器官不得转让一样，著作权的署名权禁止转让，当然，也禁止许可使用。

本例中，出版社与照片拍摄者约定的照片著作权由出版社买断，这种约定不发生署名权买断的法律效果，该作品的署名权并没有发生转移，摄影者依然享有该摄影作品的署名权。因此，出版社的行为侵犯了摄影者的署名权。

需要注意的是，实践中存在大量关于署名权的认识误区。有人认为，著作权属于私权，作者可以任意处置，包括署名权在内的全部著作权均可以转让他人。在转让合同中，受让方总是特别注明"受让方取得交易作品的全部著作权"这样的转让条款。不过依据基本法理，合同中对转让著作权人身权约定的部分内容无效，著作权的署名权并不因此而发生转移。

（毕越）

10. 无意中创作出来的作品，受著作权法保护吗？

1982 年春，家住河南永城的晏姓石匠受当地政府委托，对明朝时形成的"汉高断蛇之处"碑进行了复刻。后来，当地文物管理部门将此碑及亭子用于展览并收费。据说，夜晚有强光照射时，石碑上有人像显影，人像似乎在拔剑斩蛇，形象生动。不过，晏姓石匠并不清楚为何会产生如此效果。可以说，这是无意中创作出来的作品效果。

那么，对复刻的"汉高断蛇之处"碑呈现出来的景象，晏姓石匠是否享有著作权？当地文物管理部门利用该景象进行展览，是否需要获得晏姓石匠许可？

案例来源：（2006）豫法民三终字第 7 号。

📖 专家解答

《著作权法》第三条规定，本法所称的作品，是指文学、艺术和科学领域内具有独创性并能以一定形式表现的智力成果。《著作权法实施条例》第二条规定，著作权法所称作品，是指文学、艺术和科学领域内具有独创性并能以某种有形形式复制的智力成果。

晏姓石匠在复刻石碑过程中，并没有创作高祖斩蛇景象的主观意识，也无法描述此碑经强光照射，为何会出现高祖斩蛇景象；科学界也没法儿准确地解释其原因。也就是说，石碑上出现此种景象并不是晏姓石匠有意识地创作出来的。根据作品是思想的表达这一法理要义，高祖斩蛇景象不构成著作权法保护的作品。包括晏姓石匠在内，人们无法再复制一个完全一样的景象，石碑上的高祖斩蛇景象不具有可复制性，晏姓石匠对该石碑上的高祖斩蛇景象不享有著作权。

需要提醒的是，著作权法的一个基本原理就是思想与表达二分法，著作权法保护思想表达，并不保护思想本身。作品是作者思想的表达，不表达思想的任何表达，均不是著作权法意义上的作品。因此，无意识的创作、创作本意之外产生的意外效果等，均不产生受著作权法保护的作品。

（毕越）

11. 在微信程序中植入自己的插件，是合法使用微信程序吗？

陈某发现在登录微信聊天时，总会有广告弹出，就自己独立编写计算机代码程序，并在微信中植入新的程序作为插件，以删除微信弹窗广告。陈某能将无广告版的微信程序存储在服务器上供他人下载吗？

🎓 专家解答

《著作权法》第二十六条规定，使用他人作品应当同著作权人订立许可使用合同。《计算机软件保护条例》第十八条规定，许可他人行使软件著作权的，应当订立许可使用合同，许可使用合同中软件著作权人未明确许可的权利，被许可人不得行使。对于计算机软件这一特殊的作品，我国通过《著作权法》《计算机软件保护条例》进行保护。我国法律法规明确规定，许可使用计算机软件，均要求订立许可使用合同，被许可人不得擅自行使未在合同中明确许可的权利。

本例中，陈某修改、删除微信的部分程序，从而达到去除腾讯广告的效果，改变了微信程序的原有部分功能。如果陈某未经腾讯公司许可，复制腾讯公司的微信软件，再捆绑其他插件程序，存储在互联网服务器上供他人下载，就属于典型的使用腾讯公司微信软件的行为，侵害了腾讯公司的著作权。腾讯公司作为微信软件的著作权人，可以根据《著作权法》的规定，对陈某以营利为目的，使用微信为网民提供无广告版微信软件下载服务的行为进行限制。

需要注意的是，未经软件著作权人许可，复制发行其计算机软件作品，违法所得数额在三万元以上的，应当以侵犯著作权罪判处三年以下有期徒刑或者拘役，并处或者单处罚金。将在腾讯微信软件包中加入其他插件程序，打包提供给他人下载的行为，属于复制发行腾讯微信软件的行为，应当经过腾讯公司的许可。如果修改微信程序的人收取的广告费在三万元以上，就涉嫌侵犯著作权罪，需要承担刑事责任。使用他人软件进行再创作，务必要注意尊重他人的知识产权，否则，可能会为自己带来牢狱之灾。

（贺保平）

12. 录制者、表演者享有什么权利？

在鸿途艺人公司举办的一场比赛中，甄艺淑表演了昆曲《牡丹亭游园惊梦》选段。后来，鸿途艺人公司就将甄艺淑的表演视频上传到某短视频平台上，点击量颇高，不过视频中甄艺淑的脸被一个卡通兔代替了。当甄艺淑要求鸿途艺人公司删除这段视频时，却被告知："我们已经把你的脸遮住了，并不会侵犯你的肖像权，你无权让我们删除。"那么，录制者鸿途艺人公司、表演者甄艺淑究竟分别享有什么权利？

🎓 **专家解答**

《著作权法》第三十九条规定，表演者对其表演享有下列权利：（一）表明表演者身份；（二）保护表演形象不受歪曲；（三）许可他人从现场直播和公开传送其现场表演，并获得报酬；（四）许可他人录音录像，并获得报酬；（五）许可他人复制、发行、出租录有其表演的录音录像制品，并获得报酬；（六）许可他人通过信息网络向公众传播其表演，并获得报酬。被许可人以前款第三至六项规定的方式使用作品，还应当取得著作权人许可，并支付报酬。

本例中，甄艺淑是昆曲《牡丹亭游园惊梦》选段的表演者，鸿途艺人公司未经她许可，不能录制视频，也不能将录制视频上传至网站或者短视频平台。鸿途艺人公司则属于《著作权法》规定的录音录像制作者。依据《著作权法》第四十四条的规定，录音录像制作者对其制作的录音录像制品，享有许可他人复制、发行、出租、通过信息网络向公众传播并获得报酬的权利。

需要注意的是，依据《著作权法》第三十八条、第四十二条的规定，表演者使用他人作品演出应当取得著作权人许可，录音录像制作者使用他人作品制作录音录像制品应当取得著作权人许可。例如，甄艺淑在公开表演中使用爸爸甄学文创作并享有著作权的词曲《甄学文一家人》，就应当取得甄学文的许可；鸿途艺人公司要录制、复制、发行、通过信息网络向公众传播甄艺淑演唱的《甄学文一家人》，既应当取得著作权人甄学文的许可，也应当取得表演者甄艺淑的许可。

（徐园园）

13. 委托人可以任意使用委托他人创作的作品吗？

某服饰公司委托在校大学生乔某画了《春兰》《夏竹》《秋菊》《冬梅》四幅画，想在公司生产的纱巾上使用，设计费共计 10 000 元。画作交付后，该服饰公司把这四幅画作进行了著作权登记，登记证书上的作者是乔某，著作权人是该服饰公司。乔某觉得只有自己是著作权人，可该服饰公司认为画是自己公司出钱让乔某画的，著作权当然也属于己方。那么，委托他人创作的作品，著作权归谁？委托人可以任意使用委托他人创作的作品吗？

🎓 专家解答

《著作权法》第十九条规定，受委托创作的作品，著作权的归属由委托人和受托人通过合同约定。合同未作明确约定或者没有订立合同的，著作权属于受托人。

本例中，委托人某服饰公司与受委托人乔某应该在合同中明确约定著作权的归属，并根据合同约定确定著作权的归属；如果合同中没有约定或者没有签订合同，则著作权就归受托人——即乔某。

根据《最高人民法院关于审理著作权民事纠纷案件适用法律若干问题的解释》第十二条的规定，按照《著作权法》规定委托作品著作权属于受托人的情形，委托人在约定的使用范围内享有使用作品的权利；双方没有约定使用作品范围的，委托人可以在委托创作的特定目的范围内免费使用该作品。例如，本例中，虽然受委托人乔某是四幅画作的著作权人，但是根据双方的委托合同以及委托创作的特定目的，委托人某服饰公司享有在纱巾上免费使用四幅画的权利。不过，委托人某服饰公司仅有免费使用的权利，并没有专有使用的权利——即禁止其他人使用的权利，也没有许可其他人使用的权利。

（徐园园）

14. 未成年人如何行使自己的著作权？

艺术培训班的负责人高老师发现六岁的甄理画画非常好，经甄理同意，就把甄理的画上传到培训班的网站上作宣传用。甄理回家后，把这件事告诉了父母。父母觉得甄理最近学习态度不太端正，决定暂时不把甄理的画放到培训班网站上宣传，以免他骄傲，于是就把自己的想法告诉了高老师。那么，未成年人是否享有著作权？未成年人行使著作权到底由谁说了算？

🎓 专家解答

《著作权法》第二条第一款规定，中国公民、法人或者非法人组织的作品，不论是否发表，依照本法享有著作权。因此，著作权是一项民事权利，无论是未成年人或是成年人，均可依法享有著作权。所以，即使甄理只有六岁，只要其写的作文、画的图画、拍的照片等创作符合著作权法所述作品的独创性要求，他就依法享有这些作品的著作权。

根据《中华人民共和国民法典》（以下简称"《民法典》"）第二十条、第二十一条的规定，不满八周岁的未成年人、不能辨认自己行为的成年人或八周岁以上的未成年人，为无民事行为能力人，由其法定代理人代理实施民事法律行为。六岁的甄理属无民事行为能力人。

无民事行为能力的甄理行使自己享有的著作权，许可培训班展览自己的画作或者将自己的画作上传至网络供他人下载、学习，应当由其法定代理人——即甄理的父母代理实施。

需要注意的是，根据《民法典》第十九条、第二十二条的规定，八周岁以上的未成年人、不能完全辨认自己行为的成年人为限制民事行为能力人，实施民事法律行为由其法定代理人代理或者经其法定代理人同意、追认；但是，可以独立实施纯获利益的民事法律行为或者与其年龄、智力、精神健康状况相适应的民事法律行为。

（何胜林）

15. 怎样"转载"才是合法的？

郝老师近期在学校网站发表了一篇绘声绘色、生动有趣的踏春游记以及多张照片，点击量不断攀升，甚至带起了一股踏春风潮。一些网站、微信公众号、自媒体平台纷纷转载、转发了郝老师的游记、照片。那么，这些网站、微信公众号、自媒体平台的转载、转发行为侵权吗？

🎓 **专家解答**

《著作权法》第三十五条规定了报刊转载法定许可情形，即作品在报社、期刊社刊登后，除著作权人声明不得转载、摘编的外，其他报刊可以转载或者作为文摘、资料刊登，但应当按照规定向著作权人支付报酬。依据以上规定，登载在报刊、期刊上的作品，只有未声明不得转载时，其他报刊、期刊才可以不经著作权人的许可转载。此种情形之外的所谓转载，例如，报刊与图书互相转载作品、报刊与网站互相转载作品、网站间互相转载作品、微信公众号与网站互相转载作品等，都是不适用的，需要获得著作权人许可。

本例中，郝老师发表在学校网站的游记、摄影照片，不属于《著作权法》规定的可以不经许可而转载的情形，这些网站、微信公众号、自媒体平台所谓的转载行为，实际上是侵犯信息网络传播权的行为。

至于我们生活中经常遇到的转发行为，如果通过网站、APP 本身设置的转发、分享功能进行转发、分享，实际上是转发、分享了对原作品的链接，并未对原作品的内容进行复制传播，这种行为是合法的；如果是通过复制、下载后重新发布到网站或者 APP 的所谓转发、分享，则极有可能是侵犯信息网络传播权的行为。

（徐园园）

16. 音著协能帮作者做什么？

前些日子，许某在某 APP 上传了一首自己作词、谱曲、弹唱的歌曲。不久，这首歌就火了起来，紧接着，她就要面对关于这首歌的授权、许可、维权等事情，可她并不了解如何操作。许某听说音著协是专门帮助音乐人、维护音乐人合法权益的组织，就准备请音著协代理自己歌曲的版权等事宜。那么，音著协能帮许某处理关于歌曲的哪些事情？

🎓 **专家解答**

音著协是我国唯一的音乐著作权集体管理组织。依据《著作权法》第八条的规定，著作权人和与著作权有关的权利人可以授权著作权集体管理组织行使著作权或者与著作权有关的权利。著作权集体管理组织被授权后，可以以自己的名义为著作权人和与著作权有关的权利人主张权利，进行涉及著作权或者与著作权有关的权利的诉讼、仲裁、调解活动。著作权集体管理组织根据授权向使用者收取使用费。国家著作权主管部门应当依法对著作权集体管理组织进行监督、管理。

依据《著作权集体管理条例》第十九条的规定，权利人可以与著作权集体管理组织以书面形式订立著作权集体管理合同，授权该组织对其依法享有的著作权或者与著作权有关的权利进行管理。权利人符合章程规定加入条件的，著作权集体管理组织应当与其订立著作权集体管理合同，不得拒绝。权利人与著作权集体管理组织订立著作权集体管理合同并按照章程规定履行相应手续后，即成为该著作权集体管理组织的会员。

依据《著作权集体管理条例》第二十八条第一款、第二十九条第一款的规定，著作权集体管理组织可以从收取的使用费中提取一定比例作为管理费，用于维持其正常的业务活动。著作权集体管理组织收取的使用费，在提取管理费后，应当全部转付给权利人，不得挪作他用。

（何胜林）

17. 可以以著作权许可出资吗？

贾某的朋友以一个软件作价 100 万元开了一家公司，后公司欠钱了，债主说准备拿来抵债的软件出资不实，不值 100 万元，让贾某的朋友还钱。后来法院查明这个软件确实值 100 万元，但贾某的朋友没有把软件的著作权转让给公司，而是给了公司一个两年的普通许可，最终法院认定这个许可价值只有 20 万元，因此，贾某的朋友需要就 80 万元的未出资部分进行赔偿。贾某担心，他将来也不能拿自己的作品出资成立公司了。

🎓 专家解答

《中华人民共和国公司法》第二十七条规定，股东可以用货币出资，也可以用实物、知识产权、土地使用权等可以用货币估价并可以依法转让的非货币财产作价出资。因此，版权是可以作价出资入股的，对这一点贾某不用担心。

但是用版权出资有很多地方需要格外注意。首先，用于出资的版权必须明确、具体。这里包括了用于出资的是所有权还是许可权，以及有没有特定的限制，例如期限的限制。其次，出资时应当保证版权的合法性、完整性。例如，改编的剧本是基于在先的小说，那么应当同时获得原小说著作权人的许可。再次，出资版权的价值评估应当客观、合理。一旦不够客观、合理，就会像贾某的朋友那样，被债权人主张出资的软件不值评估价。最后，出资程序要完备。著作权的许可、转让都应办理登记，明确其属于被出资的公司所有。

需要注意的是，虽然以版权出资时，只要股东们意见一致就可以自行对出资版权的价值进行确定，但这种确定对外没有效力，仍然要经过第三方专业机构的评估以确定其价值。因此，股东自己评估版权价值须谨慎。

（李亮伟）

18. 著作权质押需要交付作品吗？

甄美和师姐想共同创业，但是缺少启动资金。师姐建议甄美把她创作的几幅画质押给投资人金总，等公司挣钱了再赎回来。可甄美不舍得把原画作交给投资人保管，她该怎么办？

🎓 **专家解答**

《民法典》第四百二十五条规定，为担保债务的履行，债务人或者第三人将其动产出质给债权人占有的，债务人不履行到期债务或者发生当事人约定的实现质权的情形，债权人有权就该动产优先受偿。质押，是充分实现著作权价值的一种方式。不过，著作权权利质押和作品原件质押是有区别的。

《著作权法》第二十八条规定，以著作权中的财产权出质的，由出质人和质权人依法办理出质登记。《民法典》第四百四十四条规定，以注册商标专用权、专利权、著作权等知识产权中的财产权出质的，质权自办理出质登记时设立。因此，著作权作为无形财产出质的，质权自办理出质登记时设立，不需要把画作原件交给债权人占有。

需要注意的是，《民法典》第四百四十四条规定，知识产权中的财产权出质后，出质人不得转让或者许可他人使用，但是出质人与质权人协商同意的除外。出质人转让或者许可他人使用出质的知识产权中的财产权所得的价款，应当向质权人提前清偿债务或者提存。因此，质权有效期间，如果甄美与师姐成立的公司要复制、销售这些画，甄美必须获得质权人金总的同意。

（李亮伟）

19. 作品种类太多，该如何管理？

　　自从用自己的画质押筹到了创业资金，甄美对于怎么最大限度地挖掘著作权的价值很关心。他的爸爸甄学文也想象着，万一自己写的那么多小说、散文都要搬上银幕，那得操心多少事呀！甄学文在影视圈工作的朋友建议他们参考影视公司建立版权库的方式，把甄学文拍摄的视频和其他家人的作品版权信息都整理整理。

　　🎓 **专家解答**

　　所谓版权库，就是围绕一部部作品进行系统化的著作权管理所形成的资料库。因为与商标、专利等相比，版权是特别复杂的知识产权种类：一方面，版权的具体样式非常丰富，包括文字、音乐、摄影、建筑、舞蹈、电影、软件等；另一方面，版权的权利内容也非常多样，包括复制、出租、展览、表演、广播、改编、汇编、许可、转让等。同时，作品往往存在融合再创作的可能（例如，把现有的图片、文字结合人物表演拍摄成短视频）。一旦作品进行融合再创作，形成影视作品，其著作权问题就会更复杂，任何一个权利方面的瑕疵都可能导致整个影视作品无法正常使用。因此，全面整理一部作品需要的权利、已经获得的权利所受到的限制、其他参与主体的权利让渡声明等资料，建立版权库，是保障顺利行使复杂作品著作权的必要手段。

要建立一个全面完善的版权库比较困难，但建立版权库这种版权运作思路，甄学文一家可以借鉴。比如，把作品按照内容划分为短视频、音乐、剧本、花絮等，或者按照权利划分为网络播放权、电视播映权等。对应的准备也要有，比如，全家人可以委托甄学文负责对外许可的授权文件，作品创作的原始记录，或公开证据、版权登记信息，还需要记录好已经作出的授权内容，比如，哪个渠道多长时间、是否允许转授权、是否限制自己使用等。

（李亮伟）

20. 该如何选择著作权许可方式？

自打甄学文随手拍的小蜜蜂采花蜜照片被一家出版社买走后，家里的其他人都来了兴趣，拍摄了很多照片。女儿甄美提议，把这些照片集中上传到专门的图库网站，授权网站可对欣赏照片者收费。但被授权的网站不接受普通许可，就问他们是签订独占许可协议，还是排他许可协议。一家人大眼瞪小眼，不知道怎么回答。

🎓 **专家解答**

根据《著作权法》的规定，著作权人可以许可他人行使除人身权外的其他著作权。著作权的许可分三种基本类型：普通许可、排他许可和独占许可，适用于著作权、专利等许多知识产权种类。如何区分这三种基本类型呢？可以通过被授权人对作者的禁止权来区分：获得普通许可，被授权人不能禁止作者使用，也不能禁止作者再授权别人使用；获得排他许可，被授权人不能禁止作者使用，但可以禁止作者再授权别人使用；获得独占许可，被授权人不仅能禁止作者授权他人使用，还能禁止作者使用。

对于网站来说，签署普通许可不能较好地保障自身权益，一旦甄学文一家同时授权给其他竞争对手，将影响自己的收益。对于甄学文一家来说，签署独占许可可能并不合适，因为一旦签署独占许可，会对作者利用现有作品再创作产生极大的限制。例如，把一组照片改编为短视频的一部分，再将短视频变现时，会遭遇其中照片的使用权问题。综合来看，甄学文一家与网站签署排他许可比较合适，这样既保障了网站的利益，也给甄学文一家的使用留下了余地。

（李梦雅）

21. 想把作品改编拍摄成电影，该怎么签订许可合同？

甄学文的一篇旧作被两三家公司看中了，他们都想改编这篇旧作，然后拍摄成电影。甄学文在影视圈工作的朋友告诉他：想改编作品的公司有两三家，但作品只有一份，如果有公司拿走作品后几年都不改编，或者改编后的作品不尽如人意，甄学文就会得不偿失。所以在给改编授权的时候，限定多久以内授权有效非常必要。那么，甄学文如何签许可合同比较合适呢？

🎓 专家解答

甄学文的朋友说得很对。有不少因改编问题起诉到法院的案件，都是在作者和被授权人之间签有合同的背景下发生的，原因就在于合同事先的约定不够清楚，或者是作者没有认识到可能的后果就签订合同。授权期限相对好理解，只要注意到、约定好，就基本可以了。授权许可范围则复杂得多，包括许可的法定权利种类，也包括双方之间约定的对权利的限制。

先说许可的法定权利种类。根据《著作权法》第十条的规定，著作权人可以许可他人行使系列著作财产权，并依照约定或者本法有关规定获得报酬。对于希望改编甄文学作品的公司来说，信息网络传播权、摄制权、改编权是必须获得的授权，其他的并不是。当甄学文仅就特定内容给予授权后，根据《著作权法》第二十九条的规定，许可使用合同和转让合同中著作权人未明确许可、转让的权利，未经著作权人同意，另一方当事人不得行使。所以，这几家公司无法自动获得其他种类的授权。

再说双方约定的对权利的限制。只要不违反法律规定，是双方的一致意思，双方约定的对权利的限制就是有效的。例如，对改编许可的期限约定为三年，超过三年再改编就是侵权，此时作者完全可以再许可其他公司另行改编；如果把改编的具体形式限定为电影，那么就可以授权其他公司拍摄电视剧；等等。

（李梦雅）

著作权救济篇：
多管齐下治侵权

发生著作权纠纷时，一般通过民事、行政、刑事三种法律救济途径解决，具体包括停止侵权、消除影响、赔礼道歉、赔偿损失、警告、罚款、没收违法所得、刑事处罚等，也包括固定证据等维权手段。《著作权法》新增的惩罚性赔偿制度以及法定赔偿额的大幅提高，也是著作权救济中的亮点。发生著作权纠纷时，该适用何种法律救济途径？来本篇寻找答案吧！

1. 进行著作权维权，只能起诉吗？

著名网络写手王某把所写的网络长篇小说《未来》以分集的形式在某小说网连载，后来他发现某文化公司未经其许可，将其小说放在公司网站，让消费者点击阅读，并要求阅读前先观看若干条广告。王某认为自己被侵权了，想追究该公司的责任，他该怎样维权呢？

🎓 专家解答

在我国，对著作权的保护实行双轨制，即行政保护和司法保护两种体制。因此，著作权维权有多种途径。**首先，可以由管理著作权的行政机关查处著作权侵权行为。**在我国，一般由国家版权局履行该项职责。这种维权途径成本低、效率高，且依托行政执法机关的执法权，能够有效固定侵权行为，不过行政执法并非终局裁决，且不能就损害赔偿进行裁决，存在一些不足。**其次，民事侵权诉讼是权利人最常用的一种途径。**要通过这种途径维权，需要权利人自己或委托律师提前固定侵权行为证据，向法院提起民事侵权诉讼，要求侵权人承担停止侵害、损害赔偿、赔礼道歉等民事责任。通过这种途径维权的好处是，能够获得法院的终局裁决，权威性强。但这需要当事人自己负担举证责任，案件审理期限较长。不过，这种途径在司法实践中仍然是最重要的维权方式。

另外，民事侵权诉讼中，调解也是伴随诉前、诉中、诉后的有效维权途径。调解可以快速解纷止争，是一种有效的途径。最后，刑事指控。通过这种途径维权的，侵权责任通常很大，仅适用于严重的侵权行为，即能够构成侵犯著作权罪、销售侵权复制品罪的情形。如果侵权人的行为确实符合入罪标准，则会由国家追究犯罪嫌疑人的刑事责任。权利人如果发现侵权行为较为严重，涉嫌犯罪，可以向版权部门、公安机关投诉或通过报警来维权。在刑事诉讼期间，权利人还可以提起附带民事诉讼，追究侵权人的民事责任。最后，对于著作权合同纠纷，还可以通过仲裁解决。仲裁实行一裁终局，效率较高，不过缺点是费用较高。

在本案中，该文化公司的行为属于侵犯文字作品的信息网络传播权，属于著作权侵权，王某可以通过民事侵权或行政投诉方式维权。如果维权过程中发现其可能构成犯罪，可以让公安机关介入，追究其刑事责任。

著作权维权方式多样，著作权人可以根据案件事实和自己的诉求，选择最适合自己的维权方式。

2. 侵犯著作权会坐牢吗？

行政执法机关在连某经营的书店里查获了一批盗版书，但连某并不知道这些书是盗版的。行政执法机关当即将这些盗版书暂扣，且询问了一些事实，查阅了书店的财务报表，然后说要研究一下，接下来会给连某下发正式的处罚决定书。连某很担心，自己销售盗版书，侵犯了他人著作权，会坐牢吗？

🎓 **专家解答**

根据《著作权法》规定，我国侵犯著作权的法律责任分为三种，**一是民事责任**，主要包括停止侵害、消除影响、赔礼道歉、赔偿损失。**二是行政责任**，包括责令停止侵权行为，警告，没收违法所得，没收、无害化销毁处理侵权复制品以及主要用于制作侵权复制品的材料、工具、设备以及罚款。**三是刑事责任**，主要有两个罪名，即侵犯著作权罪和销售侵权复制品罪。**只有侵权行为达到了较为严重的程度，满足了两种涉及著作权侵权的犯罪时，侵权责任人才可能因涉及刑事责任而坐牢。**一般情况下，只有较为严重的制售和传播盗版行为，才是刑事打击的重点。

本案中连某确实销售了盗版书，即属于销售侵权复制品，足以构成行政责任，至于是否构成刑事责任以至于坐牢，还要看其**主观上是否明知，以及客观上销售侵权复制品的违法所得数额多少或者情节严重程度**。所以侵犯著作权不一定会坐牢，对其责任，从民事、行政到刑事方面，都有明确的法律规定，需要进行个案对照来确定。

但无论如何，侵犯著作权行为都是违法行为。即使承担民事责任，对侵权责任人来说也是不小的负担。更何况，国家现在一直在加大知识产权保护力度，大额赔偿案件屡见不鲜，且惩罚性赔偿制度已经实施。因此，大家一定要有高度的著作权侵权风险意识，不可随意侵犯他人著作权。

3. 电影侵权了，还能上映吗？

《鬼吹灯之精绝古城》的作者天下霸唱（真名为张牧野）曾起诉某电影公司等三方，理由是电影《九层妖塔》侵犯了其署名权、保护作品完整权。据法院调查，电影《九层妖塔》是根据《鬼吹灯之精绝古城》改编的，属于改编作品。而这部电影并未注明原作者姓名，并对原著进行了较大程度的改编，超出了改编应有的限度。因此法院判决三被告立即停止发行、播放和传播电影《九层妖塔》。

🎓 专家解答

根据《著作权法》第五十二条的规定，停止侵害是著作权侵权民事责任中一种主要责任形式。如果一部电影经法院判定侵权成立，一般是要停止上映的，停止上映就是停止侵害的一种具体形态。本案中法院判决的"立即停止发行、播放和传播"正是停止侵害责任的具体体现。当然，停止侵害责任在个案中会随着案件侵权对象、侵权行为等具体情节的不同，有不同的停止方式，如停止销售图书、停止播放歌曲、停止复制美术作品、停止使用软件、删除违法的网络链接等。

在所有的著作权侵权民事责任中，停止侵害是最基本、最主要的责任形式，是对权利人最基本的救济。不过，不是所有侵权行为都会被判定停止侵害。本案一审法院的判决书中就写道：如果停止有关行为会造成当事人之间的重大利益失衡，或者有悖于社会公众利益，或者实际上无法执行，可以根据案件具体情况进行利益衡量，不判决停止行为，而采取其他替代性措施。不过二审法院纠正了这一意见，认为侵权人不承担停止侵权责任是一种利益衡量之后的政策选择，属例外情形，应严格把握。是否对权利人的停止侵害请求权加以限制，主要考量的是个人利益之间的平衡。只有当停止侵权将过度损害相关主体合法权益时，才能加以适度限制。因此该案还是支持了天下霸唱停止侵害的诉讼请求。

因此，停止侵害是一种重要的侵权救济责任形式。如果判定侵权成立，一般原则是停止侵害，基于利益衡量而不停止的只是例外，使用概率较低。

4. 侵犯著作权，赔偿数额该怎么确定？

为了使公司生产的儿童书包更好地销售，经营者张某要求在每个儿童书包上印上某流行卡通形象。果然，这样一来，其公司生产的儿童书包销路很好。有一天，张某忽然接到法院传票，称该卡通形象的著作权人起诉其侵犯著作权，要求其停止侵权，赔偿损失 100 万元。张某顿时傻眼了，侵权了要赔偿这么多吗？著作权侵害赔偿额到底怎么算？

🎓 专家解答

司法实践中，侵权损害赔偿是权利人、侵权人都很关心的问题。那么，著作权侵权损害赔偿有哪些方式呢？《著作权法》第五十四条明确规定，著作权侵权损害赔偿一共有五种方式。**第一，按照权利人因侵权所受到的实际损失为标准。**实际损失的确定有多种形态，如软件开发费用及软件因被侵权丧失的市场盈利。如果著作权附着在商品上，则可用商品在市场上减少的销量乘单件商品的利润计算。**第二，侵权人侵权的违法所得。**这也要看具体案情，涉及侵权人对权利人作品具体的使用方式、侵权方式，以及权利人作品对其盈利的贡献程度。**第三，参照权利人作品的使用费。**即作品曾许可他人使用的使用费。**第四，法定赔偿。**是指前述三种方式均无证据，在法律限定的幅度内酌情确定赔偿额。《著作权法》规定的赔偿幅度是五百元以上五百万元以下。第五，惩罚性赔偿。这是《著作权法》新增的内容，在满足"故意""情节严重"条件时，可以前三种方式确定的赔偿额为基础，判决一倍以上五倍以下的赔偿额。

本案中的赔偿额计算，比较适合第二种方式，即侵权人所售商品盈利额，也就是侵权人的违法所得，不过也应该考虑该卡通形象对盈利额的贡献程度。也就是说，要考虑该作品对该书包销售盈利在若干因素中的贡献程度，如果作品本身人气高、影响大，贡献率就高。

据统计，著作权侵权赔偿数额大部分是通过法定赔偿确定的，这也是一种无奈的选择。因为权利人往往很难提供自己的受损证据或侵权人的获利证据，许多作品也没有被许可使用过。法院往往会根据权利人作品的情况、侵权人侵权的情节和严重程度等，在法定赔偿的幅度内确定一个赔偿数额。值得注意的是，惩罚性赔偿制度的出台，对权利人的保护及对侵权人的威慑不可小觑。

5. 赔礼道歉、消除影响是一回事吗？

2006 年，法院判定郭某的小说《梦里花落知多少》抄袭庄羽的《圈里圈外》，判决郭某承担赔礼道歉的责任，但最后郭某只是以将判决书刊登在报纸上的方式进行道歉。很多人认为郭某的道歉不真诚。2020年的最后一天，郭某终于在微博上发表了道歉信，表示诚恳道歉。这个道歉迟到了十五年，也引起了社会公众的普遍关注。那么，著作权法意义上的赔礼道歉是怎样的？它与消除影响有什么不同？

🎓 专家解答

消除影响、赔礼道歉是规定在《著作权法》第五十二条中正式的民事责任形式。司法实践中，这两种方式经常合并适用，那么，这两种责任形式是一回事吗？

首先，我们要搞清楚《著作权法》为何要规定这两种责任形式。因为知识产权是一种复合型权利，既包括人身权，也包括财产权。像著作权中的发表权、署名权、修改权、保护作品完整权就属于著作人身权。一部作品的诞生，往往倾注了作者巨大的心血，尤其是那些文学艺术类作品，蕴含着作者的思想甚至人格，一旦别人抄袭、篡改原著，就会对作者精神权益造成侵害。此时要求侵权者赔礼道歉和消除影响就是必需的。不过，这两种责任形式还是有区别的：赔礼道歉主要面向权利人，是对权利人精神、心理的抚慰；消除影响主要面向社会公众，因为侵权行为在社会中造成了对权利人的不利影响，因此要消除这种影响，恢复权利人的完整权利。

在庄羽诉郭某一案经法院判决后，因为郭某道歉方式欠妥，在公众中引起了轩然大波。与十五年后在微博公开道歉信相比，郭某以在报纸上公开判决书的方式道歉，诚意显然是不足的。事实上，公开赔礼道歉有助于在社会公众中消除影响。因此两种责任形式有一定互通性，经常合并适用。

消除影响、赔礼道歉一般适用于侵犯著作人身权的情形。如果仅仅侵犯著作财产权，一般不适用这两种责任形式。

6.维权费用能报销吗？

剧作家张天花了三年时间创作完成了剧本《明天》，并拿给他的一个朋友看。两年之后，张天发现一部刚上映的电影《不可预知》与他写的剧本十分相似，且编剧是看过他剧本的那个朋友。张天非常气愤，要起诉这个朋友。在咨询律师的过程中，他得知诉讼费用需一二十万，有点儿打退堂鼓。张天很不理解，自己因被侵权而正当维权，如果提起诉讼，费用难道不应该由侵权人承担吗？

🎓 专家解答

许多人被侵权后，发现如果通过打官司维权，要支付一笔不菲的维权费用（包括诉讼费、律师费在内），但也不确定最终能否打赢官司，能不能获得赔偿。在这种情况下，有的人就放弃维权了。但在著作权等知识产权侵权诉讼中，关于维权费用的问题比较容易解决。因为在众多民事侵权诉讼中，知识产权诉讼是为数不多的可要求侵权人赔偿维权费用的诉讼类型。《著作权法》第五十四条规定，赔偿数额还应当包括权利人为制止侵权行为所支付的合理开支。也就是说，权利人维权费用能"报销"。找谁"报销"？侵权人。

根据上述法律规定，所谓"制止侵权行为所支付的合理开支"就是维权过程中的各项支出。实践中维权支出不等，一般来说包括诉讼费、律师费、公证费、鉴定费、申请财产保全保证金、差旅费等。在这些费用中，常见的是诉讼费、律师费、公证费。但有些复杂案件维权费用很高，对权利人而言是一笔很大的支出。

那么，这些维权支出是否能得到法院支持呢？不一定。一般来说，诉讼费的支出由法院酌情判定，如果确属侵权且比较严重，法院会判定由侵权人负担全部支出，权利人起诉时预缴的诉讼费最后也由侵权人支付给权利人。其他各项支出的判定还是要看证据：比如律师费，就需要有合法的委托代理合同、律所出具的发票；公证费，要看公证处出具的相关合同、发票；其他支出也是如此，看证据是否全面、真实、无疑义。当然，如果侵权毫无疑义，证据确凿，法院也会支持全部维权合理支出。有时法院也会将维权支出计算在损害赔偿额内，不在判决书中单独写出。

7. 罚款和赔偿是一回事吗？

某文化传播公司开设点播影院，向消费者提供电影点播服务，共涉及美国电影协会成员单位的 22 部电影作品，比如《绿皮书》《蜘蛛侠：平行宇宙》《阿丽塔之战斗天使》等。他们有专门的点播系统，在未经许可的情况下利用投影仪播放电影，并且获得了不少收益。2019 年 5 月，上海市文化和旅游局执法总队对该公司进行了行政处罚，责令当事人停止侵权，并罚款人民币 22 000 元。

🎓 专家解答

在侵犯著作权的法律责任中，民事责任和行政责任是两种性质的责任。赔偿损失是典型的民事责任，钱是赔给权利人的。罚款是典型的行政责任，所罚款项进入国家金库，属于罚没收入。那么，什么情况下发生著作权侵权，会产生行政责任呢？发生著作权侵权后，除了罚款，还可以通过哪些形式承担行政责任呢？

《著作权法》第五十三条对此做了明确规定，这也是关于著作权侵权承担行政责任的基本法律依据。根据该条规定，如果著作权侵权涉及对公共利益的损害，就可能要承担行政责任。这些责任形式包括：责令停止侵权行为，予以警告，没收违法所得，没收、无害化销毁处理侵权复制品以及主要用于制作侵权复制品的材料、工具、设备等，以及罚款。而且该条文给出了具体的罚款数额确定标准。该条文还对可能会施以行政责任的行为逐项进行列举，如未经著作权人许可，复制、发行、表演、放映、广播、汇编、通过信息网络向公众传播其作品等。这些行为模式与第五十二条规定的承担民事侵权责任的行为模式不同，需注意区分。

本案因发生在 2019 年，当时是根据《著作权法》（2010修正）第四十七条和《著作权法实施条例》第三十六条的规定处理的。执法部门处罚某文化传播公司，就是因为其未经著作权人许可放映其作品的行为，侵犯了著作权人的权利，破坏了电影市场的正常经营秩序，损害社会公共利益。

另需注意两点：第一，著作权行政责任的归结和认定不再仅因权利人起诉而启动，而是由著作权行政执法部门主动执法。不管行政执法部门通过什么渠道获知侵权行为的存在，他们都会对侵权人施加行政处罚。第二，民事责任和行政责任可以共存。如果行为人实施了相关侵权行为，满足相应的法律构成要件，不仅要承担民事责任，还要承担行政责任。

8. 因侵犯著作权而犯罪，会判几年？

陈力受境外一个叫"野草"的人委托，找来几个人组建了一个"机组工作室"QQ 聊天群，通过境外服务器，从一些正规视频网站下载电影资源，再通过用百度云盘分享的方式获取《流浪地球》《廉政风云》《疯狂外星人》等 2 400 多部影视作品，再将作品发布至一些盗版影视资源网站。这一期间，陈力先后收到"野草"汇来的运营费用共计 1 250 余万元，其中，陈力个人获利约 50 万元，其他同伙获利 1.8 万元至 16.6 万元不等。案发后，本案的八名被告分别被判处少则十个月、多则四年零六个月有期徒刑，并被处以数量不等的罚金。

🎓 专家解答

因侵犯著作权而犯罪，会判几年？这要看侵权人犯的是什么罪以及犯罪情节严重程度。根据《中华人民共和国刑法》第二百一十七条、二百一十八条的规定，著作权领域的犯罪有两种：侵犯著作权罪和销售侵权复制品罪。对前者的规定是："以营利为目的，有下列侵犯著作权或者与著作权有关的权利的情形之一，违法所得数额较大或者有其他严重情节的，处三年以下有期徒刑，并处或者单处罚金；违法所得数额巨大或者有其他特别严重情节的，处三年以上十年以下有期徒刑，并处罚金。"同时规定了六种侵犯著作权的行为模式。对后者的规定是："以营利为目的，销售明知是本法第二百一十七条规定的侵权复制品，违法所得数额巨大或者有其他严重情节的，处五年以下有期徒刑，并处或者单处罚金。"

所以，如果侵犯著作权行为满足上述两个条文规定的犯罪构成要件，其最低刑可能是只处以罚金，不过通常是判处有期徒刑并处罚金。如果构成侵犯著作权罪，法定最低刑是三年以下有期徒刑。如果最终判处刑罚等于或低于三年可能会适用缓刑，如果高于三年则不适用。侵犯著作权罪的法定最高刑期是十年。如果构成销售侵权复制品罪，则法定刑是五年以下有期徒刑，并处或单处罚金。

在本案中，陈力等人的违法所得数额、非法传播的作品数量等各项数据均符合三年以上十年以下的量刑幅度。这是一个重大的侵犯著作权罪案件，又是一个共同犯罪案件，因此处刑较重。

侵犯著作权构成犯罪可不是小事，而且随着我国知识产权保护力度的加强，知识产权犯罪入罪标准在降低，刑罚力度在加强。

9. 该去哪个法院起诉呢？

贵州某公司未经许可，在其微信公众号中使用北京文章无忧信息科技公司（以下简称"无忧科技"）享有著作权的作品，于是无忧科技在北京互联网法院提起侵权诉讼。被告提出管辖权异议，认为应该由其公司所在地贵州省贵阳市中级人民法院管辖。北京互联网法院裁定异议不成立，被告就该裁定提出上诉，最终北京知识产权法院裁定北京互联网法院有管辖权。那么，著作权人维权，该去哪个法院起诉呢？

🎓 **专家解答**

法院管辖有两个问题需要解决，一个是级别管辖，一个是地域管辖。根据《最高人民法院关于审理著作权民事纠纷案件适用法律若干问题的解释》第二条的规定，著作权民事纠纷案件由中级以上人民法院管辖，这是级别管辖的一般原则。但各高级人民法院根据本辖区实际情况，可以报请最高人民法院批准，由若干基层人民法院管辖第一审著作权民事纠纷案件。如在郑州市，标的额小于 50 万元的著作权纠纷案件，就不由郑州市中级人民法院管辖，而是由管城回族区人民法院和航空港经济综合实验区人民法院管辖。就地域管辖而言，《中华人民共和国民事诉讼法》（以下简称"《民事诉讼法》"）规定，因侵权行为提起的诉讼，由侵权行为地或者被告住所地人民法院管辖，而侵权行为地包括侵权行为实施地、侵权结果发生地。相关司法解释还规定，因侵权行为提起的诉讼，侵权行为的实施地、侵权复制品储藏地或者查封扣押地、被告住所地法院有管辖权。另外，当被告有多人时，可选择其中一个被告的行为实施地确定管辖法院。

本案的情况是，原告住所地位于北京市，北京市可以作为侵权结果发生地，从而具有管辖连接点。而且比较特殊的是，本案属于在互联网上传播作品引发的侵权纠纷，在北京地区，北京互联网法院对此类案件有集中管辖权，因此可由其管辖该案。

对于包括著作权在内的知识产权侵权纠纷，法院管辖问题的确比较复杂。一般来说，知识产权侵权纠纷由被告住所地、侵权发生地（包括侵权行为实施地和侵权结果发生地）、侵权复制品储藏地或者查封扣押地这几类地点的中级人民法院管辖，即一般原则是由中级人民法院管辖。不过，各地规定若干基层人民法院也有管辖权。遇到这些问题，公众最好咨询相关专业人士。

10. 著作权维权有期限吗？

2017 年，朱某在某网站发表了自己创作的美术作品——两个艺术字"丸子"。2021 年，朱某在甲在线视频平台观看由乙影视公司出品的电视剧时，发现剧中展示了一个道具，是一张有"肉丸子"这三个艺术字的名片，并给了特写镜头，其中的"丸"字与其设计的"丸子"作品中的"丸"字非常像。朱某于是提起侵权诉讼。那么，该案发生在 2017 年，2021 年才起诉，有没有过了诉讼时效？

🎓 专家解答

《民法典》颁行后，我国侵权诉讼时效由原来的两年变更为三年。包括著作权在内的知识产权侵权的诉讼时效同样变更为三年。根据《最高人民法院关于审理著作权民事纠纷案件适用法律若干问题的解释》第二十七条的规定，我国侵害著作权的诉讼时效为三年，自著作权人知道或者应当知道权利受到损害以及义务人之日起计算。权利人超过三年起诉的，如果侵权行为在起诉时仍在持续，在该著作权保护期内，人民法院应当判决被告停止侵权行为；侵权损害赔偿数额应当自权利人向人民法院起诉之日起向前推算三年计算。以上规定包含两层意思：第一，时效三年的起算点是权利人知道或应知侵权事实存在和义务人之日，不是侵权行为发生之日。第二，许多著作权侵权是持续存在的，对这种侵权，权利人可以随时起诉，要求停止侵权。不过由于诉讼时效具有法律效力，对于超过诉讼时效的侵权，不应再让侵权人承担损害赔偿责任，因此侵权损害赔偿数额应当自权利人向人民法院起诉之日起向前推算三年计算。

根据上述规定，虽然本案侵权行为发生在 2017 年，但朱某在 2021 年才得知侵权行为的存在，因此并未超过诉讼时效。另外，如果本案中侵权人的侵权行为一直在持续，权利人可以要求从 2017 年侵权开始之日直到停止侵权之日的损失赔偿，因为朱某并未超过诉讼时效期间起诉。

著作权维权有期限，一旦超过诉讼时效，就会导致自身权利无法受到法律保护。因此，权利人要提高警惕，在有条件的情况下，最好进行侵权监测。实际上，在现代信息社会，著作权侵权的重灾区在网络空间，比如当下的电商平台、短视频平台、直播间等。权利人应该有意识地加强侵权监测，维护自身权益。

11. 如何申请证据保全？

美术家陈某发现，自己的几幅画被某厂商用来装饰用于出口的陶瓷制品。经朋友提醒，陈某意识到，一旦这些陶瓷制品出口到国外，自己就很难追究厂商的责任。他咨询律师后得知，自己需要固定证据；如果他没有能力这样做，可以在诉前申请法院进行证据保全。陈某不确定这样是否可行。

🎓 专家解答

诉前申请证据保全，确实是法律明确规定的证据固定方式。根据《著作权法》第五十七条的规定，为制止侵权行为，在证据可能灭失或者以后难以取得的情况下，著作权人或者与著作权有关的权利人可以在起诉前依法向人民法院申请保全证据。而且《民事诉讼法》第八十一条也规定，因情况紧急，在证据可能灭失或者以后难以取得的情况下，权利人可以在提起诉讼或者申请仲裁前向证据所在地、被申请人住所地或者对案件有管辖权的人民法院申请保全证据。权利人申请保全证据时，需要提交正式的申请书，申请书应当载明需要保全的证据的基本情况、申请保全的理由以及采取何种保全措施等内容。另外根据法律规定，权利人申请采取查封、扣押等限制保全标的物使用、流通等保全措施，或者保全可能对证据持有人造成损失的，法院应当责令申请人提供相应的担保，以防证据保全错误给被保全人造成损失。法院如果认为申请符合条件，即可根据当事人的申请和具体情况，采取查封、扣押、录音、录像、复制、鉴定、勘验等方法进行证据保全，并制作笔录。而后续诉讼时，权利人就可以提供这些证据。

本案中陈某就可以依法提起证据保全，申请法院去厂商制作现场保全证据，一方面确定侵权行为的存在，一方面确定侵权行为人，还可以就侵权行为获利的情况进行证据固定。

证据保全可以在诉前，也可以在诉中进行。我们通常所说的证据保全，主要是指诉前保全。因为它是在应对紧急情况不得已采取的行动，如果不采取紧急措施固定证据，证据就可能灭失，以后再想获取就很难。同时，考虑到被保全人的利益，申请人申请证据保全往往需要提供担保。因为一旦保全错误，可能会给被保全人造成难以挽回的损失，在这种情况下，保全人提供的担保就可以担保财产赔偿损失。

可以说，这样的制度设计是利益平衡的结果。

12. 如何申请行为保全？

甲、乙两公司合作开发了一款游戏软件，合作协议中约定软件著作权归双方共有。合作完成后，甲公司未经乙公司同意，私自将该软件提交给版权保护中心，准备单独登记在自己名下。得知这一信息后，乙公司想马上阻止甲公司的这一行为，却不知道该怎么做。

🎓 专家解答

行为保全也叫行为禁令，包括诉前行为保全、诉中行为保全。《著作权法》第五十六条规定，著作权人或者与著作权有关的权利人有证据证明他人正在实施或者即将实施侵犯其权利、妨碍其实现权利的行为，如不及时制止将会使其合法权益受到难以弥补的损害的，可以在起诉前依法向人民法院申请责令作出一定行为或者禁止作出一定行为等措施。《民事诉讼法》第一百零四条也有相关规定。2019 年 1 月 1 日开始实施的《最高人民法院关于审查知识产权纠纷行为保全案件适用法律若干问题的规定》，对行为保全作出了更详细具体的规定。总体来说，权利人申请行为保全须限于"情况紧急"，如申请人的发表权即将受到侵害、诉争的著作权即将被非法处分等。且须向有管辖权的法院递交正式申请书及相关证据。申请书须载明以下内容：申请人与被申请人的身份、送达地址、联系方式；申请采取行为保全措施的内容和期限；申请所依据的事实、理由等事项，申请行为保全还需向法院提供担保。法院会审查申请事项，作出是否进行行为保全的裁定。另外，诉前行为保全作出后，权利人需在三十日内提起诉讼，否则即视为保全错误，须承担被保全人的损失。

本案中，甲公司申请软件著作权登记行为是一种侵权行为，会造成权利归属错误，是一种权利处分行为，乙公司可以提起诉讼，但在诉讼前可通过申请诉前行为保全，使甲公司停止这一违法行为。当然，是否能够获得法院支持，实践中需要法院裁定。

行为保全是命令或禁止一个主体实施或不实施一种行为，在实践中有一定困难。我国早年在专利领域就有行为保全的规定，但实践中申请难度较大。近几年在加大知识产权保护力度的背景下，行为禁令成为一种可行的临时保护措施。权利人可以充分利用该规定，保护自自身权益。

13. 如何申请财产保全？

　　齐某经营了一家网吧，他发现甲公司开发的某款游戏十分受欢迎，就在未经许可的情况下，将该游戏软件安装到网吧电脑上，供玩家消费。甲公司发现后，准备起诉齐某，可又担心胜诉后赔偿款无法执行，就咨询了律师。律师建议甲公司在诉前申请财产保全，防止自己胜诉或无法执行的情况出现。那么，如何申请财产保全呢？

　　🎓 **专家解答**

　　财产保全，是在诉前或诉中对被告的财产通过查封、扣押、冻结的方式进行固定，使被告不能再自由处置其财产，从而防止原告胜诉却无法执行的尴尬局面出现。根据《著作权法》第五十六条的规定，著作权人或者与著作权有关的权利人有证据证明他人正在实施或者即将实施侵犯其权利、妨碍其实现权利的行为，如不及时制止将会使其合法权益受到难以弥补的损害的，可以在起诉前依法向人民法院申请采取财产保全等措施。此外，《民事诉讼法》中对财产保全也有统一规定。财产保全既可以在诉前申请，也可以在诉中申请。值得注意的是，财产保全与证据保全、行为保全既有区别又有联系。财产保全的主要目的是防止财产被处置、转移、隐匿，通过保全的手段使其暂时被束缚住，如冻结被告银行账户中的存款，这样被告在冻结期间就不能将该银行账户中的存款取出，从而保证案件胜诉后的执行。财产保全不仅在知识产权案件中被大量适用，在其他各类案件中都是一种有效有段。不过，财产保全同样需要申请，保全的金额应该不超过案件主张的金额，也需要提供与保全财产等值的担保；如果保全错误，也要承担赔偿责任。另外，诉前财产保全作出之后，需要在三十日内提起诉讼或仲裁。

本案中，甲公司担心案件胜诉后齐某不履行赔偿义务，就可以通过诉前财产保全冻结齐某的银行账户，或者查封、扣押他的其他财产，比如房地产、汽车等，以保证胜诉后能顺利执行赔偿款。

在财产保全中，诉前保全更有效，能有效固定财产，保障原告权利。不过，诉前保全也不能滥用，一旦保全错误，权利人是要承担相应赔偿责任的。另外，目前保险公司一般提供有诉讼保全保险，原告只需要支出少量保险费，由保险公司给法院出具保函。采用这种方式，对担保金额巨大的案件非常有用。